FOUR PERSONS FOUR COLORS ART THERAPY

4인 4색
미술치료

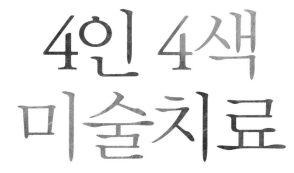

이화영, 장현정, 조봉진, 한애현 지음

Σ 시그마프레스

4인 4색 미술치료

발행일 2015년 7월 10일 1쇄 발행

지은이 이화영, 장현정, 조봉진, 한애현
발행인 강학경
발행처 (주)시그마프레스
디자인 우주연
편집 이지선

등록번호 제10-2642호
주소 서울특별시 영등포구 양평로 22길 21 선유도코오롱디지털타워 A401~403호
전자우편 sigma@spress.co.kr
홈페이지 http://www.sigmapress.co.kr
전화 (02)323-4845, (02)2062-5184~8
팩스 (02)323-4197

ISBN 978-89-6866-227-0

이 도서의 국립중앙도서관 출판시도서목록(CIP)은 서지정보유통지원시스템 홈페이지
(http://seoji.nl.go.kr)와 국가자료공동목록시스템(http://www.nl.go.kr/kolisnet)에서 이용
하실 수 있습니다.(CIP제어번호 : CIP2015017306)

4인 4색
미술치료

나이도 다르고 성별도 다르고 살아온 배경도, 전공도 다른 우리들이 미술치료라는 끈으로 만나게 되었습니다. 공감미술치료센터에서 미술치료사로서 일하고 공부하면서 기쁨과 보람, 어려움과 고민들을 함께 이야기하던 중에, 우리의 경험을 많은 분들과 함께 나누는 것도 의미 있는 일이 될 것 같다는 의견이 모아져 이 책을 만들게 되었습니다.

아직 부족함이 많은데 책을 쓴다고 생각하니 두렵기도 하고 부끄럽기도 하여 처음엔 많이 망설이기도 했지만, 이 책이 동료 미술치료사들, 또 미술치료사가 되려고 준비하는 많은 분들에게 깨알 같은 도움이라도 되었으면 하는 바람을 품어봅니다.

이 책은 크게 세 부분으로 구성되어 있습니다.

- 첫 장은 미술치료에 대하여 소개하는 내용으로, 미술치료의 정의와 역사적 배경, 장점, 미술치료 과정, 미술치료에 대한 오해 등 미술치료에 대한 전반적인 이해를 돕기 위한 내용입니다.
- 두 번째 장에는 미술치료 기법들을 수록하였는데, 저희 4명의 치료사들이 즐겨 사용하는 기법들을 사례와 함께 최대한 구체적으로 소개하여 미술치료 현장에서 실제적으로 사용할 수 있도록 하였습니다.
- 세 번째 장은 치료사들의 대화 내용으로, 미술치료사가 되기까지의 각기 다

른 개인적인 배경과 과정, 관심 분야, 치료 현장에서의 경험, 웃지 못할 실수, 미술치료사로서의 고민과 앞으로의 비전 등을 이야기하였습니다.

또 그 외에도 미술치료 관련 학회와 대학원, 사이트, 추천영화, 추천도서 등을 부록으로 수록하여 미술치료사가 되려는 분들과 미술치료 현장에 계신 분들에게 실제적인 도움을 드리고자 하였습니다.

같은 미술치료센터에 소속되었지만 다양한 미술치료 현장에서 임상을 하고 있는 미술치료사 네 사람이 차 한 잔 하면서 미술치료에 대해 수다 떨듯 시작된 것이 바로 이 책입니다. 미술치료에 대해 너무 무겁지도 그렇다고 가볍지도 않으면서 현장에서의 생생한 이야기를 전달해드리기 위해 많이 고민하였습니다.

이러한 저희에게 많은 격려와 도움을 주신 분들이 계셔서 마지막으로 감사 인사를 전하고자 합니다. 저희들이 미술치료의 길에 처음 들어서면서부터 오늘이 있기까지 계속하여 격려하며 이끌어주신 공감미술치료센터의 은옥주 소장님, 세심한 지도와 슈퍼비전으로 도움을 주시고 지지해주신 원희랑 교수님, 책의 감수를 흔쾌히 맡아주신 최외선 교수님께 감사를 드립니다. 또한 이 책의 출판을 맡아주신 시그마프레스 출판사에도 감사를 드립니다. 그리고 저희가 휴일도 반납하고 이 책을 준비할 때 묵묵히 불편함을 감수하며 때로는 기사 역할도 마다하지 않고 지원을 아끼지 않았던 사랑하는 가족들(남편과 아내, 자녀들, 남자친구)과 지금까지 저희를 지켜봐주시고 도와주신 모든 분들께 고맙고 사랑한다는 말을 꼭 전하고 싶습니다.

저자일동

원희랑 서울불교대학원 대학교 미술치료전공 교수

아름다움을 창조하는 기술인 미술.
심신의 어려움을 가진 사람을 돕는 심리치료.
이 둘이 만난 미술치료는 참으로 매력적이고 인간적이며 전문적입니다.
이 둘을 융합해내는 일을 하는 사람들이 미술치료사입니다.

미술치료사 조봉진님, 이화영님, 장현정님, 한애현님이 이 둘을 창조적으로 융합해내기 위해 긴 시간 공부하고 고민하고 좌절하고 깨닫고 경험하고 성장하면서 쌓아온 결과를 이렇게 책으로 출판하게 되어 큰 박수를 보냅니다.

몇 년 전 저자들이 찾아와 임상현장에서 초보미술치료사가 겪는 어려움을 토로하면서 후배들에게 조금이나마 도움이 되기 위해 함께 책을 쓰게 되었다고 말하는 것을 듣고 그 진지함과 열정에 감동하였고, 나 역시 선배 미술치료사로서 마음을 가다듬게 되었던 일이 기억납니다.

이들을 만나게 된 것은 6~7년 전으로 미술치료가 대중적인 인기를 끌면서 소위 쉬운 자격증들이 생기던 때입니다. 당시 '공감'의 은옥주 소장님께서 이들을 소개해주시며 유능하고 전문성 있는 미술치료사로 성장하기 위해서라면 길고 어려운 길도 마다하지 않을 친구들이라고 하셨습니다. 이후 이들이 미술치료사가 되기 위한 임상수련과정을 거치고 많은 내담자들을 만나고 대학원에 진학하고 대학원을 졸업한 후에도 가끔 만날 수 있었는데, 이들은 늘 한결같이 겸손하고 진지하며 미술치료를 좋아하고 연구하였습니다.

이러한 모습은 임상현장에서도 전문성 있는 따뜻한 미술치료사로서 내담자를 돕기 위해 최선을 다하는 사람들임을 짐작케 합니다.

이 책은 몇 가지 점에서 미술치료를 공부하거나 미술치료 분야에서 일하는 분들에게 매우 유용하다고 봅니다.

- 먼저 저자들이 임상현장에서 유용하게 사용하고 있는 미술치료 기법을 소개하고 치료적으로 어떻게 접근할 수 있는지 되도록 구체적이고 현장감 있게 기술하고 있다는 점입니다.
- 둘째는 초보미술치료사들에게 일어나는 여러 가지 난관과 도전들, 특히 책에는 없는 현실적인 문제들에 대한 대처 등을 인터뷰나 토크쇼 형식으로 제시하고 있다는 점에서 흥미롭습니다.
- 셋째는 네 사람의 미술치료사가 각자의 색깔에 맞게 꾸밈없이 과장하지 않고 아는 만큼, 본 만큼 정직하게 임상 지식과 경험을 나누어주고 있다는 점입니다.

이것이 미술치료사 조봉진님, 이화영님, 장현정님, 한애현님이 미술과 심리치료를 창조적으로 융합해내는 현장의 모습이자 방법인 듯합니다.

4인 4색 미술치료는 미술치료 현장에서 고군분투하는 4명의 미술치료사가 후배들과 차 한 잔 하면서 그간의 임상에서 얻은 경험과 지식을 담아 미술치료의 매력에 빠져 미술치료사의 길로 들어서는 후배 미술치료사들에게 전해주는 시험대비 족보와 같은 미술치료 임상현장 안내서라고 할 수 있습니다. 몇 년 후 이들이 그 후의 성장 경험과 지식들을 또 한 번 나누어주기를 기대해봅니다.

은옥주 공감미술치료센터장, 한국미술치료학회 이사

임상현장에서 같이 일하던 4명의 공감미술치료센터 치료사들이 1년여의 기간 동안 머리를 맞대고 연구하고 고민하더니 결국 한 권의 책을 탄생시켰습니다. 미술치료를 배우는 과정, 임상에서 어려웠던 부분, 자신이 느꼈던 생각들을 솔직하고 진술하게 글로 담아내었습니다. 또한 미술치료에 대한 다양한 지식과 정보들을 간략하고 알기 쉽게 정리하는 센스를 보여주었습니다. 무엇보다 생생한 현장의 이야기를 통해 우리 미술치료사들이 어떤 고민을 하고 있는지, 어려움을 어떻게 해결해야 하는지를 설명해주는 부분이 참 돋보입니다.

미술치료사가 된 이유는 개인마다 다르겠지만 직업으로 선택하게 된 동기나 배경, 그리고 희망하는 치료사로서의 자화상 등을 통해서 우리 치료사들의 자화상을 한번 점검해볼 수 있는 기회도 제공된다는 생각이 듭니다.

어두운 곳에 한 줄기 빛이 더 밝게 빛나는 법이겠지요.

사회가 더 심리적으로 각박해지고 황폐해져 갈 때 치료사들의 역할이 더 중요해지고 책임 또한 커지는 것이겠지요. 치료사가 되는 길이 어렵고 힘들다 하더라도 신뢰하는 동지들과 함께 걸어가다 보면 성장하고 성숙하며 더욱 도전이 될 것입니다.

자신들의 직업에 대한 자부심과 소명감을 가지고 노력하는 4인 4색 치료사들의 노고와 열정에 깊은 사랑과 격려를 보내고 싶습니다.

최외선 영남대학교 명예교수, 한국미술치료학회 고문

미술치료사는 자신이 지향하는 이론에 따라 인간을 이해하고 치료과정을 이끌어간다. 그런데 미술치료사가 만나는 사람들과 그들의 상황이나 어려움은 너무도 다양하기 때문에 여러 이론들에 대해 통합적으로 이해하고 적용할 수 있어야만

한다. 어느 누구도 모든 일에 전문가가 될 수는 없지만, 노력하는 만큼 더 많이 보이고 더 많은 도움을 줄 수 있으며 더 오래 버틸 수 있을 것이다. 좋은 미술치료사가 되기 위해서는 상처투성이의 허물어진 마음에 새 살을 돋게 하고 단단한 마음을 따뜻하게 데워줄 사랑이라는 묘약이 필수요건이다. 이 세상에 존재하는 모든 것을 포함하면서도 명확하게 정의하기가 어려운 사랑도 우리 모두가 할 수 있는 미소나 따뜻한 눈길과 손길에서 시작된다. 작은 빗방울이 시냇물이 되고 강물이 되어서 마침내 바다가 되는 것과 같이 사랑은 주는 것에서 출발하며 마침내 주고받는 것으로 성장하게 된다. 인간이라면 어느 누구도 피해갈 수 없는 생로병사라는 삶의 여정에서 제각기 다양한 모습의 고통을 맛보게 된다. 받아들이는 사람에 따라 보약이 되기도 하고 독약이 되기도 하는 고통은 불행과 행복이라는 두 가지 얼굴을 가지고 있다. 미술치료사는 내담자의 고통을 없앨 수는 없지만, 내담자로 하여금 고통을 기꺼이 받아들이고 그것을 견디도록 도울 수 있다.

저자들은 두려움과 부끄러움을 무릅쓰고 자신들의 경험을 함께 나누고자 한다. 빨간사과는 자신과 만나는 사람들이 삶의 에너지를 얻고 회복해서 진정한 자신으로 성장할 수 있도록 마음의 불을 지피고 싶다고 하고, 하늘바람은 우리 모두가 누군가에게 의미 있는 존재임을 일깨워주고 기다려주는 부드러움과 단단함을 지닌 치료사가 되고 싶다고 한다. 녹색클로버는 인생의 마침표가 아닌 쉼표를 찍을 수 있는 여유를 가질 수 있도록 희망의 메시지를 전하고 싶다고 하고, 보라고양이는 보랏빛 꿈을 꾸면서 부족함을 부끄러워할 줄 알고 천천히 지속적으로 배우고 경험하는 뿌리 깊은 나무 같은 치료사가 되기를 염원한다. 이들은 이구동성으로 아픔을 보듬어줄 수 있는 건강하고 행복한 치료사가 되기를 소망한다.

다양한 색깔을 가진 이 책의 저자들은 미술치료를 통해 정상적인 자기애와 합리적인 사고, 자신의 강점과 미덕을 재발견하는 과정에서 자신을 이해하고 사랑하게 되었음을 고백하고 있다. 또한 자신에 대한 이해와 사랑은 타인에 대한 이해와 수용으로 이어져 삶의 여정에서 만나게 되는 어려움을 극복하는 용기를 가지게 되었다고 말한다. 그리고 미술치료사로서의 정체성을 확립해나가는 과정에서 만나게 되는 어려움을 어떻게 극복해나가고 있는지를 진솔하게 이야기하고 있다. 마지막으로 미술치료사가 되는 여정에서 만난 다양한 만남과 어떻게 소통하였는지, 무엇을 발견하게 되었는지를 생생하게 소개해주는 미술기법들은 누군가의 아픔을 함께하고자 하는 많은 이들에게 디딤돌이 될 것이다.

4인 4색 저자 소개

조봉진(녹색클로버)

마음에 안정감을 주는 녹색처럼 많은 사람들의 마음과 삶 가운데 행복을 전하는 사람이 되고자 합니다. 크지 않을지 모르지만 우리 삶에 무척 소중한 그런 행복 나눔을 통해서 행운이 되는 만남을 만들고 싶은 미술치료사입니다.

저는 상담대학원에서 상담을 전공하던 중 미술치료를 접하여 미술치료사가 되었습니다. 현재는 호서대에서 박사과정 중에 있습니다. 저는 변함없이 일관된 모습으로 생활하려 노력하는 성품을 지닌 사람입니다.

이화영(빨간사과)

탐스럽게 익어가는 빨간사과처럼, 인생의 가을을 알차고 아름다운 모습으로 살아가고 싶은 아줌마 미술치료사입니다.

대학과 대학원에서 미술을 전공한 후 미술대학과 예고에서 학생들을 가르치며 작품 활동을 하던 중 결혼과 출산으로 인해 일을 중단하게 되었습니다. 10여 년간 세 아이를 키우는 데 전념하다가 미술치료를 알게 되어 공부를 시작하게 되었고, 늦은 나이에 다시 상담대학원에 입학하여 가정상담을 전공했습니다. 나이는 숫자에 불과하다고 생각하면서 지금도 끊임없이 공부하고 있는 행복한 미술치료사입니다.

장현정(하늘바람)

어디든 갈 수 있는 바람처럼 자유롭게 넓게 높게 편안하고 즐겁게 살고 싶은 젊은(?), 하지만 조금씩 인생을 배워가고 있는 미술치료사입니다. 한 아이의 엄마가 되면서, 제가 미술치료를 하고 있는 것이 제 자신과 가족의 삶에 너무나 감사한 일이라는 것을 새삼 깨닫고 있습니다.

대학과 대학원에서 사회복지를 전공했고 사회복지사로 사회복지기관과 학교에서 근무하며 임상현장에서 내담자의 마음에 좀 더 가까워지기 위해 미술치료를 시작하였습니다. 현재는 한국미술치료학회 미술치료전문가(PATR)로 복지관, 교육원 센터, 학교 등에서 임상을 하고 있으며 미술치료 박사과정 중입니다.

한애현(보라고양이)

쇼핑, 먹는 것, 락 페스티벌, 잠자기, 강아지를 좋아하고 사소한 것에 쉽게 불안해하거나 흥분하면서도 느긋해 보이는 다양성을 가진 사람입니다. 대학에서 노인복지를 전공하고 치매주간보호센터에서 사회복지사로 근무하다 한국미술치료학회에서 미술치료사(KATR)를 취득하고 문화센터, 복지관, 평생교육원, 아동보육시설, 학교 등에서 다양한 연령층과의 임상경험을 쌓고 있으며 대학원에서 예술치료를 전공 중입니다.

차례

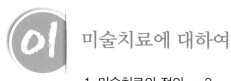

미술치료에 대하여

4인 4색 미술치료 기법노트

치료사들의 대화

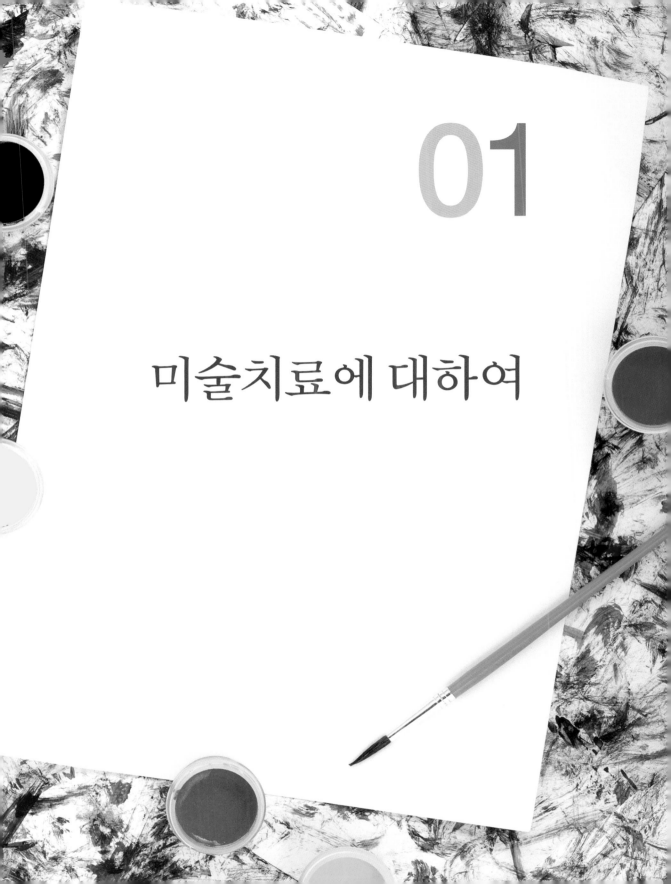

01

미술치료에 대하여

1. 미술치료의 정의

모든 인류의 문화 속에서 인간의 감정이나 소망, 생활 모습, 환경, 그 밖에도 언어로 표현할 수 없는 신비한 것들이 미술 작품으로 표현되어 왔습니다. 현대를 살고 있는 우리 삶의 모든 영역 속에서 미술이 들어있지 않은 곳은 없다고 해도 과언이 아닙니다.

그러면 미술치료란 무엇일까요? 미술치료는 예술의 영역과 심리학의 영역이 만나 이루어진 분야로서, 미술 활동을 통하여 사람들의 심리를 진단하고 심신의 어려움을 겪고 있는 사람들을 치료하는 것을 일컫는 말입니다.

우리는 말로써 표현하기 힘든 자신의 감정이나 생각들을 미술 활동을 통하여 표현할 수 있습니다. 자신의 내면세계를 미술 창작 활동을 통해 표현하고 표출하면서 심리적 안정감과 감정의 정화, 즉 카타르시스를 경험하게 됩니다. 또 자기 이해와 통찰을 하게 되어 스스로 내면의 갈등을 조정할 수 있게 되기도 하고, 자신에게 있는 삶의 문제들을 해결하고 적응할 수 있는 힘을 갖게 되기도 합니다. 이렇게 미술을 통한 자기표현과 승화 작용을 통하여 자아의 성장을 촉진하고, 자신의 내적 세계와 외적 세계 간의 조화를 이룰 수 있게 되어 의미 있는 삶을 살아갈 수 있도록 도와주는 것이 미술치료입니다.

미술치료를 하는 과정을 보면 얼핏 생각하기에 일반 미술과 별로 다를 바 없다고 생각할 수도 있을 것입니다. 하지만 미술치료는 일반적인 미술 활동이나 미술 교육과 지향하는 목표가 다르다고 할 수 있습니다. 미술 활동이나 미술 교육이 미술적인 표현 기술을 배워서 아름답게 작품을 완성하는 것에 목표를 두고 있다면, 미술치료는 미술 활동을 통해 자신의 내면을 표현하게 하며 결과보다는 과정을 중요하게 생각하고 변화와 성장에 가장 큰 목표를 두고 있습니다. 그러니까 미술치료에서는 반드시 보기 좋은 작품을 만들지 않아도 괜찮습니다. 그저 나의 감정이나 생각들을 솔직하게 작품 속에 표현하면 되는 것입니다. 이렇게 미술을

미술치료는

- 가르치거나 지시하지 않고, 자유롭게 자신을 표현하게 합니다.
- 개인의 특성과 삶에 초점을 맞추어 진행합니다.
- 결과보다 과정을 더 중요하게 생각합니다.
- 다른 사람의 작품과 비교하지 않습니다.
- 심리적인 색상과 형태를 중시합니다.

통해 자신의 모습이 색과 형태가 있는 작품으로 승화하면서 카타르시스를 느끼게 되고, 자신의 내면을 새롭게 발견하고 이해할 수 있게 되며, 이러한 과정을 통하여 자기성장을 이루어갈 수 있게 되는 것입니다.

즉 미술치료란 미술 활동을 통하여 자신의 내면세계를 표현하게 함으로써 정서적 갈등과 심리적인 증상을 완화시키고 자기이해와 자기성장을 경험하게 하여, 한 개인이 원만하고 적응적이며 창조적인 삶을 살아갈 수 있도록 돕는 심리치료 기법이라고 정의할 수 있습니다.

내가 생각하는 미술치료란

녹색클로버 : 미술치료는 '버팀'이라고 생각해요. 많은 내담자들을 믿고 버텨주는 환경이 부족해요. 그래서 미술치료는 그런 내담자를 버텨주고 끊임없이 질문하며 함께하는 과정이지요.

하늘바람 : 제가 생각하는 미술치료는 '소통'입니다. 미술치료는 대화를 하게 해줍니다. 말로 대화를 하게 도와주기도 하고 때로는 말 없이도 대화를 하게 도와주기도 합니다.

빨간사과 : 미술치료는 마치 퍼내면 퍼낼수록 맑은 물이 솟아나는 샘물과 같다고 생각합니다. 자신의 내면 깊은 곳에 있는 진짜 자신의 모습을 찾을 수 있게 해주는 일, 그것이 바로 미술치료의 힘 아닐까요?

보라고양이 : 어려운 질문이에요. 미술치료는 정의내리기가 참 애매모호하고 복잡 미묘하기 때문에… 나를 만나는 과정이랄까 싶네요. (전 그랬어요. 호호) 세상에서 제일 알기 어려운 '나'를 만나는 거니까 힘도 들고 혼자 하긴 어렵지만 즐겁고 재미있고 치유적인 경험도 되며 위로도 되죠.

2. 미술치료의 발달

미술치료의 역사를 살펴볼 때 기억할 것은 미술이 우리 생활 속 깊이 스며들어 있다는 것입니다. 미술치료의 근원은 선사시대로 거슬러 올라가게 됩니다. 우리 선조들은 상징을 그린 동굴벽화를 통해서 자신들의 세계나 생활상들을 표현했습니다. 상징이란 말로 설명할 수 없는 추상적인 개념을 구체적인 형상으로 표현하는 것입니다. 예를 들어, 선사시대 알타미라 동굴벽화에서는 동물의 그림뿐 아니라 이미지와 기호 등을 볼 수 있습니다. 이는 내일에 대한 두려움이나 공포 같은 감정을 조절하고, 해롭고 두려운 것으로부터의 보호와 번식에 대한 주술을 상징하고 있다고 합니다.

　미술치료에서 상징화 작업을 부각시킨 사람은 프로이트와 융입니다. 1940년대 들어서 실질적으로 미술치료에 개척자 역할을 한 사람은 나움버그로 정신분석학 이론과 경험에 입각해서 미술표현을 치료 양식으로 도입하였습니다. 나움버그는 환자의 표현을 통해 무의식 세계를 방출시키려는 데 역점을 두고 치료적 관점으로 접근했습니다.

　1950년대 크레이머는 나움버그에 이어서 미술치료를 지속적으로 연구하였습니다. 크레이머는 미술 활동 과정을 통해서 어떻게 자신의 갈등을 표출하고 파괴적 에너지를 창조적 에너지로 전환시키는가에 주목합니다. 창조성을 강조했던 그의 접근법은 치료를 중심으로 했던 나움버그와 차이를 나타냅니다.

1960년대 미술치료는 보다 전문적인 양상을 띠기 시작합니다. 미술치료를 독립된 분야로 발달시킨 인물은 울만입니다. 울만은 1961년에 *The Bulletin of Art Therapy* 창간호에서 미술치료란 용어를 처음 사용하였고, 여기서 인간의 내적 갈등과 승화라는 중요한 두 개념을 미술치료에 도입함으로써 더욱 발전적인 모습을 보였습니다. 울만은 나움버그와 크레이머가 각각 심리치료 또는 미술의 어느 한쪽에만 치우친 상태라고 지적하고 이 둘을 통합하려는 태도를 취합니다.

미국에서는 미술치료 전문지인 *The Bulletin of Art Therapy*가 출간되었고, 미국미술치료학회가 창립되었습니다. 이로 인해서 미술치료는 더욱 확산되기 시작했습니다.

우리나라에서는 임상심리나 정신의학 등 다양한 영역에서 미술치료의 필요성을 인식하여 관심 있는 전문가들이 연구나 치료에 미술치료 방법을 도입하는 것으로 미술치료가 시작되었습니다. 1992년에 김동연, 최외선 교수를 주축으로 한국미술치료학회가 창립되어 미술치료는 더욱 전문적인 양상을 보이기 시작했고 적용 영역이 더욱 넓어지기 시작하였습니다. 1999년에는 대구대학교 재활과학대학원에 미술치료 석사학위 과정이 처음 개설되었고, 이후 영남대학교를 비롯한 여러 대학원에 미술치료 석 · 박사 과정이 개설됨으로써 현장뿐 아니라 심리학과 뇌과학 등 여러 학문적인 영역까지 서로 교류하며 지속적으로 발전하고 있습니다.

■ 미술치료의 근원

미술치료는 인간의 생활과 더불어 발달되어 왔다고 볼 수 있음

▲ 거석문화-신석기

▲ 라스코 동굴벽화

■ 상징화 과정(1900년대)

-20세기 초 정신의학은 이미지, 인간의 감정, 무의식 간의 관련성에 많은 관심을 보임
-프로이트 : 생생하게 표현되는 꿈을 무의식의 상징적 심상으로 봄
-융 : 집단 무의식(보편적 무의식)을 통해 다른 문화권들에서 공통된 상징이 나타나는 것을 발견
-나움버그 : 정신분석학 이론과 경향에 입각하여 미술표현을 치료 양식으로 도입함

■ 미술치료의 시작

-1907년 이래로 미국의 정신과 병동에서 환자들이 미술 기술의 지도 아래 미술 활동을 함
-1940년대부터 심리치료의 양식으로 미술표현이 도입됨

■ 크레이머(1950년대)

-나움버그의 뒤를 이어 지속적으로 연구
-미술 활동 과정을 통해서 어떻게 자신의 갈등을 표출하고 파괴적 에너지를 창조적 에너지로 전환시키는가에 주목

■ 울만(1961년)

-미술치료를 독립된 분야로 발달시킨 인물
-인간의 내적 갈등과 승화라는 중요한 두 개념을 미술치료에 도입
-나움버그와 크레이머가 각각 심리치료 또는 미술, 어느 한쪽에만 치중한다고 지적하고 이 둘을 통합하고자 함

■ 미국미술치료학회 창립(1960년대)

-학회가 창립되어 미술치료에 대한 관심이 확산됨
-1961년에 미술치료지 *The Bulletin of Art Therapy* 창간으로 처음으로 '미술치료'란 용어가 소개됨

■ 미술치료의 발전

-정신분석적 입장에서 출발하여 환자에게 책임과 의무를 부여하는 실존주의적 방향으로 선회하기도 함
-미술치료에 다양한 이론적 접근이 도입됨

■ 한국에서의 발전

-1990년대부터 미술치료는 전문적인 양성을 보임
-다양한 임상의 요구로 미술치료사가 필요하게 되었고 다양한 시설에서 미술치료가 실시됨

3. 미술치료의 장점

세상에는 다양한 심리치료 기법들이 있습니다. 그중에서 미술치료가 가지고 있는 장점에는 어떤 것들이 있을까요?

하나, 말로 할 수 없는 것을 표현할 수 있습니다

말이란 사람의 감정이나 생각을 나타낼 수 있는 매우 중요한 의사소통 수단이지만, 모든 사람이 말로써 자신을 완벽하게 표현할 수 있는 것은 아닙니다. 말로 표현하고 싶어도 정확하게 할 수 없는 경우도 있고, 때로는 의도적으로 숨기거나

중학교 1학년 K는 선택적 함묵증 소녀였어요. 어머니 없이 아버지, 할머니와 살던 K는 가족들과의 대화가 원활하지 못했고, K가 언제부터 이런 증세를 보이기 시작했는지는 가족들조차 잘 모르고 있었어요. 학교 선생님 이야기에 의하면 무엇을 물어도 전혀 반응이 없고 반 친구들이 인사를 해도 모르는 척한다고 했어요.

미술치료를 처음 시작하던 날 반장의 손에 이끌려 억지로 상담실에 들어선 K의 눈에는 눈물이 어려있었고 심하게 위축된 모습이었지요. 처음엔 치료사와 대화를 하지 않음은 물론 미술 활동도 전혀 하지 않고 그저 가만히 앉아있기만 했어요. 그런데 회기가 진행되면서 K는 차츰

▲ K의 1회기 그림
처음에 K는 사람을 종이의 구석에 작게 그렸습니다.

자신의 감정과 생각을 그림으로, 만들기로, 글로 표현할 수 있게 되었구요, 밝은 모습으로 미소 짓는 일도 많아졌고 소리 내어 웃으며 치료사와 장난도 칠 수 있게 되었어요. 하지만 학교에서 계획되었던 10회기는 너무 짧았고, 아쉬운 마음으로 치료를 마칠 수밖에 없었답니다. 몇 개월 후 학교 선생님으로부터 K가 이제 친구들과 이야기도 잘하고 학교생활을 즐겁게 하고 있다는 기쁜 소식을 듣게 되었어요. 표현 방법을 알지 못해 다른 사람들과 관계를 맺지 못했던 K가 미술활동을 통해 치료사와 소통하면서 자신을 표현할 수 있게 되었고, 이로 인해 자신감을 얻어 다른 사람들과도 소통할 수 있게 되었던 거예요.

▲ K의 7회기 그림
K는 이 그림에 '행복한 소녀'라는 제목을 붙였습니다.

과장하거나 왜곡시켜 표현하는 경우도 있습니다.

이에 비해 미술은 비언어적으로 자신을 표현할 수 있는 도구이므로, 방어나 저항 없이 솔직하게 자신을 표현할 수 있습니다. 또 듣고 말하거나 글을 읽고 이해하는 데 어려움을 갖고 있는 내담자, 유아와 노인, 장애인, 그밖에도 언어적 표현이나 대화에 능숙하지 못한 사람들에게 매우 유용한 의사소통 수단이 될 수 있습니다.

둘, 미처 깨닫지 못했던 깊은 내면의 감정들을 탐색하게 해줍니다

적절하게 선택된 주제에 따라 미술 활동을 하는 동안 내담자의 감정과 생각의 깊이가 더 깊어지게 되며, 미술 작업을 마친 후 치료사와 상호작용을 하면서 그 감정과 생각은 더 깊이 있는 수준까지 도달할 수 있게 됩니다. 미술은 내담자의 의식 세계뿐 아니라 무의식의 세계까지도 심층적으로 탐색하고 깨달을 수 있게 해줍니다. 미술치료 과정 중 그림 속에 나타난 이미지는 상징적 자기보고이며, 미술 활동을 하며 보여주는 행동이나 자신의 그림을 어떻게 보는가 하는 것에서도 내담자의 숨은 심리를 파악할 수 있습니다.

평소 배려심이 많은 B라는 친구와 집단미술치료 활동을 하게 되었어요. 활동 중 집단원들이 만든 작품을 서로 바꿔 손상을 주게 하였는데, 그렇게 배려심이 많던 B가 자신의 작품이 손상되는 것을 보고는 분노하면서 다른 집단원과 싸우려고 하였어요. 상황이 마무리된 후 감정을 묻자 B는 갑자기 울면서 "오늘 아침에 엄마가 나를 무시했던 일이 떠올랐어요. 다른 아이가 내 작품을 망가뜨리는데 마치 나를 무시하는 것 같았어요."라고 말했어요. B는 미술치료 활동을 통해 자기 안에 숨어있던 감정을 발견할 수 있었던 것이지요.

셋, 심상을 은유적으로 표현할 수 있습니다

은유는 언어로 말하기에 어렵고 모호하다고 느껴지는 것을 비유적으로 표현하는 방법입니다. 미술은 이처럼 우리 내면의 모호한 감정이나 심상들을 은유적 이미지로 표현할 수 있게 해주며, 이러한 작업을 통해 우리는 예술적인 승화의 경험을 하게 됩니다.

은유 미술작품의 예

▲ 네덜란드 출신의 화가 반 고흐의 〈구두〉라는 작품입니다. '인생의 고통은 살아있는 그 자체'라고 했던 고흐는 구겨지고 뒤틀린 낡은 구두와 자신의 고통스러운 삶을 동일시하면서 동병상련의 정을 느꼈던 것이 아닐까요?

▲ 초등학교 3학년 남자 어린이의 〈화산〉이라는 작품입니다. 밖으로 표출하지 못하고 자신의 내면에 억누르고 있는 분노의 감정을 이렇게 화산의 형상으로 표현하였습니다.

넷, 긴장을 이완시켜 몸과 마음을 편안하게 해줍니다

미술치료나 상담을 처음 받으러 오는 내담자들은 대체로 위축되어 있고 긴장하고 있는 경우가 대부분입니다. 이때 미술 활동이 지닌 놀이적 속성과 감각적 요소로 내담자의 불안감과 긴장은 감소되고 감정의 이완을 경험하게 됩니다. 이렇게 미술 활동을 통하여 내담자의 쌓였던 스트레스가 풀리고 몸과 마음이 편안해지는 경험을 할 수 있게 됩니다.

난화나 데칼코마니, 점토놀이, 색채놀이 등은 좋은 이완기법입니다.

이완기법의 예

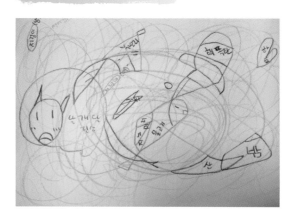

▲ 난화

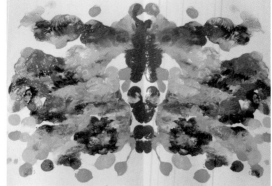

▲ 데칼코마니

▲ 점토놀이

▲ 색채놀이

다섯, 다양한 매체를 통해 감정을 표출해낼 수 있습니다

미술치료에 사용되는 매체는 셀 수 없이 많으며, 그 표현 기법도 다양합니다. 찰흙이나 물감 같은 촉진적인 매체에서 연필, 사인펜 같은 통제적 매체까지 다양한 종류의 매체들이 있습니다. 그중에서 내담자가 어떤 매체를 선택하고 선호하는 가는 미술치료에 있어서 중요한 단서가 됩니다. 내담자들은 다양한 매체를 통하

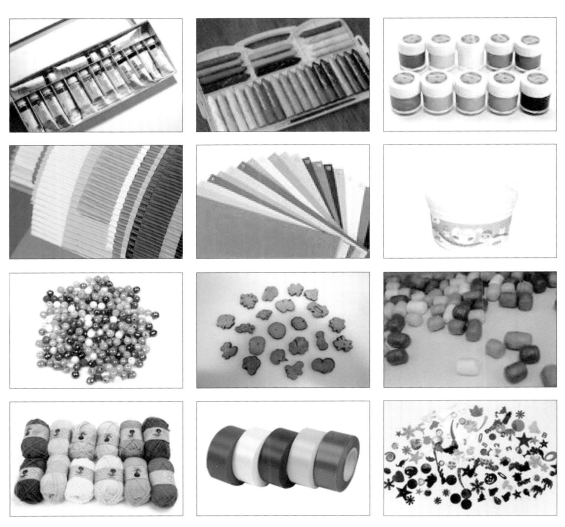

▲ 여러 가지 매체

여 자신의 긍정적, 부정적 감정들을 마음껏 표출하고 표현할 수 있습니다.

여섯, 구체적 결과물이 남습니다

미술치료 활동을 하면 미술 작품의 결과물이 남습니다. 그래서 활동을 마친 후 자신의 작품을 보면서 객관적으로 자신의 모습을 바라볼 수 있게 됩니다. 누구나 흔히 자신에게 일어난 작은 변화들을 깨닫지 못하고 놓쳐버리는 경우가 많지만, 미술 작품은 보관했다가 다시 볼 수 있기 때문에 자신의 작품을 통해 활동 당시의 생각과 감정을 떠올릴 수 있고, 또한 치료 과정 동안의 변화를 알아차릴 수 있습니다.

◀ 초등학교 2학년 남자 어린이가 3회기에 걸쳐 계속 보완해가며 열심히 만든 〈롤러코스터〉라는 작품입니다.

◀ 한 가족 4명이 각자 자신이 원하는 집을 한 채씩 만들어 〈내가 살고 싶은 마을〉이라는 작품을 완성했습니다.

일곱, 창조적이고 예술적인 활동에 몰입함으로써 행복감을 경험합니다.

미술치료 활동에서는 내가 가지고 있는 감정이나 생각들을 있는 그대로 표현하면 되기 때문에 꼭 보기 좋은 작품을 만들지 않아도 됩니다. 내담자는 자신의 생각과 감정이 색깔과 형태를 가지게 되어 미술 작품으로 승화되는 것을 보며 나름대로 카타르시스를 느낄 수 있습니다. 또한 이렇게 창조적이고 예술적인 활동에 몰입함으로써 내담자는 기쁨과 행복감을 경험할 수 있게 됩니다.

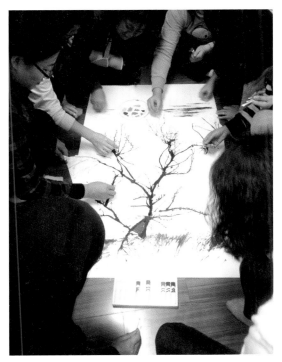 

▲ 성인 집단이 〈먹물 나무〉 작업을 하는 모습과 〈색풀〉 작업을 하는 모습입니다. 모두 어린아이와 같은 순수한 마음이 되어 즐겁게 활동하였습니다.

여덟, 협응력과 소근육 운동 등 신체적 활동에 도움을 줍니다

미술치료 활동을 하는 과정에는 시지각과 손 근육의 협응력 등 신체적 활동을 필요로 합니다. 그러므로 미술치료 활동은 재활치료에도 도움을 줄 수 있으며, 실제로 미술치료는 발달장애 아동치료, 노인치료 등에서 다양하게 활용되고 있습니다.

◀ 1세 반~2세 정도의 정신연령을 가진 발달장애 성인 M의 미술치료 첫 회기 그림입니다. 나무를 그려보라고 했더니 "나 못하는데….."라고 해서 치료사가 손을 얹고 함께하여 간신히 동그라미 2개를 그렸습니다.

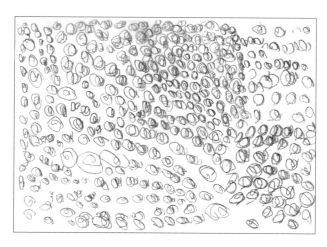

◀ M의 15회기 그림입니다. 그림의 형태는 여전히 비슷하지만 화지에 가득히 수많은 동그라미를 그렸습니다. M은 손의 기능이 향상되었을 뿐 아니라 스스로 시간을 기억하여 치료에 참여할 수 있게 되었습니다.

아홉, 누구나 할 수 있습니다

미술치료는 능력과 나이, 장애 여부에 상관없이 남녀노소 누구나 할 수 있습니다. 어린아이에서부터 노인에 이르기까지, 또 특별한 예술적 재능이 없어도 누구나 자기 안에 있는 창조성을 자유롭게 표현할 수 있으며, 이러한 미술 활동 자체로 만족감과 성취감을 경험할 수 있습니다. 앞을 볼 수 없는 시각장애인들의 경우에도 촉감이나 향을 통해 미술작업을 할 수 있습니다.

▲ 성인 시각장애인들이 작업한 〈마라카스 만들기〉입니다. 흔들면 소리가 나는 나무 마라카스에 여러 가지 색의 점토를 붙여 사람의 얼굴을 표현하고, 흔들면서 노래를 부르는 등 즐겁게 표현 활동을 하였습니다.

▲ 70대 노인 집단에서 작업한 〈내 마음의 화분〉이라는 작품입니다. 노인회관에서 작품 전시를 한 후 주위 사람들의 칭찬에 기뻐하시면서 계속해서 미술 활동을 하고 싶다고 하셨습니다.

4. 미술치료의 과정

지금부터는 미술치료가 실제로 어떻게 진행이 되는지 알아보도록 하겠습니다. 물론 이제부터 나오는 내용은 미술치료사에 따라 혹은 기관의 방침에 따라 다를 수 있습니다. 또한 개별 치료냐 집단 치료의 형식이냐에 따라서도 달라질 수 있다는 것을 염두에 두고 시작하도록 하겠습니다.

1) 도움이 필요해요! - 의뢰

살다 보면 스트레스나 심리, 정서, 신체적인 문제 등 다양한 어려움에 부딪치게 됩니다. 미술치료를 만나는 방법은 여러 가지이고 실제 개개인마다 사연이 모두 다르지만 일반적으로 자신이 갖고 있는 혹은 갖게 된 문제에 대해 힘이 들어서 자발적으로 의뢰를 하게 되는 경우도 있고, 주변에서의 권유 또는 강압(법원 명령이나 학교의 결정, 부모님의 결정 등)에 의해 미술치료를 시작하는 경우도 있습니다.

 미술치료는 미술치료센터, 복지관, 상담소, 병원 등 다양한 기관에서 만나볼 수 있습니다.

2) 전문가를 만나다! - 접수 면접

접수 면접은 의뢰할 때 같이 이루어질 수도 있는 부분입니다. 이때에는 미술치료사가 첫 접수 면접을 받을 수도 있고 상황에 따라 접수 면접자가 받을 수도 있습니다.

 접수 면접에서는 개인정보, 의뢰 이유, 발달사에 대한 면담과 행동관찰, 검사 실시 등이 이루어집니다.

초기면접지 예시

초기 면접지

접수번호	2015-00		일시	2015년 ○○월 ○○일
면 접 자	○○○		면접	□내방　□전화
의 뢰 자	○○○(관계-)		형태	□기타( )
의뢰경로	□자발적 의뢰( )　　□병원( )　　□학교·유치원( ) □타 기관 의뢰( )　　□광고( )　　□기타( )			

성 명	○○○(남, 여)	주민번호	-
주 소			
연 락 처	(집)　　　　　　　　　　　　　/(핸드폰)		
학교/학년 (유치원)		생년월일	
장애유무	□유　　　　진단시기: □무	건강상태	□양호　　□질환( )
보호구분	□수급 □조건부수급 □저소득/차상위 □기타(의료보호/영유아보육자료 지원, 보훈 등)		

가족사항	성명	관계	연령/ 성별	직업	학력	동거여부	연락처	기타
	○○○							
	○○○							

주 호 소 문 제	

발달력				
결혼시	결 혼 시 기	○○○○년 ○○월 ○○일	결혼연령	부- 　세 / 모- 　세
	교 제 유 형	□중매　　　　　□연애 □중매+연애　□기타( )	교제기간	년　　　개월
임신시	약물용		질환여부	
	입 덧	□심했다 □보통이다 □없었다	유산/사산	□유　　　　□무
	유 형	□계획된 임신 □계획되지 않은 임신	유산/사산	
	심리상태			
출생시	산모연령		임신기간	□정상 □예정일: 　일 전　　일 후
	분만 상태	□순산　　□난산　　□제왕절개	신생아체중	Kg
	산 소 호흡기 사 용	□무　　　　□유/기간-	인큐베이터 사용	□무　　　□유/기간-

	황달	□무　□유/치료기간 및 방법	모유상태	□모유　□인공유/사유	
	기타				
출생후	고열	□무　□유/치료기간 및 방법	경기	□무　□유/치료기간 및 방법	
	중독	□무　□유/치료기간 및 방법	외상	□무　□유/치료기간 및 방법	
	기타				

발달시	신체발달	□빠름　□정상　□느림	□목가누기　□배밀기　□앉기 □걷기　□숟가락질　□옷 입고 벗기
	언어발달	□빠름　□정상　□느림	□옹알이　□첫 단어　□두 단어 결합말 □현재 사용 가능한 단어　□문장구성형태 □대화의 사용유무
	현재상태	□질환　　　　□약복용　　　　□외상 □시각문제　　□청각문제　　□언어문제	

교육 및 치료 상황	기간(연령)	기관명	내용

사회 · 정서발달

성격	□잘 운다　　□잘 싸운다　　□겁 많다　□셈 많다　□눈치 본다　□욕심 많다 □화를 잘 낸다　□고집 세다　□말대꾸가 심하다　□말이 없다　□순하다 □쉽게 상처받는다　　□짜증이 많다　　□피해의식이 있다 □기타
부모와의 관계	
형제와의 관계	
또래와의 관계	
기타 관계	

양육상의 특이사항

면접 후 소견 및 계획

미술치료를 시작하려는 내담자가 찾아온 이유는 무엇인지(의뢰사유와 주 호소 문제), 가족력, 발달사 등에 대한 전반적인 정보를 얻게 됩니다. 또 미술치료에 대한 전반적인 정보 제공(시간 약속, 비밀보장, 윤리적인 부분 등)이 이루어지게 됩니다. 이러한 부분을 내담자도 이해하고 동의하게 되면 치료 회기나 시간에 대한 부분, 치료비, 지불 방법과 치료 취소하는 경우 등에 관한 설명이 있어야 합니다.

접수 면접(첫 면접)에서는 미술작업을 하지 않거나 사전 검사를 하기도 합니다. 간혹 접수 면접과 첫 미술치료 작업을 같이 하는 상황도 있을 수 있습니다.

심리검사의 종류

평가영역	심리검사
지능검사	웩슬러 지능검사(K-WAIS성인, K-WISC 유·아동) 카우프만 지능검사(K-ABC), 그림지능검사(PTI)
발달검사	덴버 발달선별검사(DDST), 교육진단검사(PEP)
지각검사	시지각발달검사(DTVP), 벤더도형검사(BGT), 지각-운동발달진단검사(PMDT), 시각-운동통합발달검사(VMI)
성격검사	성격유형검사(MBTI, MMTIC), 다면적인성검사(MMPI), 이고그램(Ego-gram), 에니어그램(Enneagram)
정서 및 행동검사	아동청소년 행동평가척도(K-CBCL), 청소년 자기행동평가척도(K-YSR), 한국아동인성평정척도(KPRC), 충동성검사(MFFT)
투사검사	아동용 주제통각검사(CAT), 성인용 주제통각검사(TAT), 로샤검사(Rorschach Test), 문장완성검사(SCT), 집-나무-사람검사(HTP), 동적 가족화검사(KFD), 학교생활화검사(KSD), 인물화검사(DAP)
언어검사	언어이해-인지력검사, 그림어휘력검사, 문장이해력검사, 장애아 표준어휘력검사
특정장애 검사	아동기자폐증평정척도(CARS), 기질검사, 이화-자폐아동 행동발달 평가도구(E-CLAC), 충동성검사
학습검사	학업동기검사(AMT), 학습전략검사(MLST), 학습기술검사(LSI)
진로검사	스트롱 진로탐색검사, 스트롱 직업흥미검사, 직업가치관검사, 직업체크리스트

3) 미술치료를 진행해요! - 초기, 중기, 후기와 종결

(1) 만남의 시작 - 초기

미술치료를 하기로 한 뒤 시작되는 첫 만남이라고 할 수 있습니다. 미술치료사들이 학교나 센터에서 만나는 많은 내담자들 중에는 "제가 상담받고 싶어서 왔어요."라고 스스로 원해서 시작하게 된 자발적인 내담자도 있지만 거의 대부분은 부모나 교사, 주변인들의 권유나 자신은 원하지 않지만 신청되어 있어서 미술치료를 받게 된 내담자들이 많습니다. 이때 미술치료사와 내담자의 첫 만남은 향후 미술치료의 효과성에 있어서도 매우 중요합니다. 초기 단계에는 관계형성과 미술 매체에 대한 경험, 서로에 대한 탐색이 이루어지게 됩니다.

내담자들과의 치료가 시작되면 미술치료사들은 치료가 종결이 될 때까지 그 과정을 슈퍼바이저에게 슈퍼비전을 받도록 합니다. 특히 치료 초기에 앞으로의 방향 설정과 사례개념화 등 많은 부분에서 점검과 보완을 할 수 있습니다.

슈퍼비전

미술치료사들은 내담자와 자신을 위해 슈퍼비전을 받아야 합니다. 슈퍼비전이란 '다른 사람이 하는 일에 책임을 지고 지켜보는 감독자'란 뜻으로 담당 미술치료사가 숙련된 전문가에게 개별 사례에 대한 조언과 교육을 받는 것을 의미합니다. 슈퍼비전은 전문가로서의 훈련 및 인격적인 성장을 위해 없어서는 안 될 중요한 것입니다.

사례개념화

- 내담자 문제의 성격과 원인에 대해 상담자가 도출해내는 잠정적인 가설적 설명, 내담자에 대한 이해와 치료의 방향을 설명하는 가설입니다.
- 치료사가 내담자에 대해 세운 이론으로, 더 좋은 치료사가 되어간다는 것은 사례개념화를 잘하게 된다는 뜻이기도 합니다.

* 참고 : 상담심리 용어사전(양서원, 2008)

(2) 좀 더 깊은 관계로 - 중기

조금씩 서로 친해지면서 내담자는 자신에게로 집중할 수 있는 힘이 생겨나기 시작합니다. 자신의 문제를 보기도 하고, 자신도 모르던 내면의 감정들이 표현됩니다. 이는 자기표현, 재경험, 양가감정, 전이, 갈등 표출 등 긍정적인 것과 부정적인 것이 함께 나타나기 때문에 치료사는 이에 대한 이해와 적절한 공감과 수용이 필요합니다.

(3) 헤어짐을 준비하기 - 후기와 종결

'치료는 언제 끝나는 것인가?'라는 부분에 대해서는 미술치료를 처음 하는 초보 치료사가 아니더라도 변화를 관찰할 수 있는 구체적인 목표를 초기에 정해놓지 않으면 어려움을 겪을 수도 있습니다. 물론 미리 정해진 회기로 진행된다면 괜찮겠지만 그렇지 않은 경우가 많이 있습니다. 종결 시기는 미술치료사의 권한이 아니고 미술치료사와 내담자가 함께 논의하고 준비하는 것입니다. 만약 내담자가 결정을 하는 것이 어려운 상황일 경우 - 나이가 어리거나, 장애가 있거나, 치료회기가 길어진 경우 - 에는 정해진 목표가 충분히 달성이 되었는지 확인하고 내담자의 생각, 초기 의뢰를 한 의뢰인(내담자의 부모, 교사 등)과도 의견을 나누는 것이 필요합니다.

초기에 정한 목표가 달성이 되고 내담자 역시 치료의 종결에 합의하게 되면 종결에 대한 준비 작업이 필요합니다. 종결이 갑작스럽게 이루어지면 내담자나 치료사가 부적적인 감정을 경험할 수 있으니 종결을 미리 함께 정하고 준비하는 회기가 꼭 필요합니다.

> **tip** 종결이 되고 난 후에 추후상담이 진행되기도 합니다. 추후상담이란 일정 시간이 지난 후에도 내담자가 일상에서 잘 적응하고 있는지, 다른 문제는 없는지를 살펴보는 것입니다.

5. 미술치료에 대한 오해

"나는 환자가 아니에요. 치료 따위는 필요 없어요."

정신적·신체적 문제가 있는 사람들만 미술치료를 받는 것으로 생각하기 쉽습니다. 특히 우리나라는 '치료'라는 단어에 대한 선입견이 있어서 더더욱 거부감이 있는 것 같습니다. 미술치료는 결국 '마음의 건강을 돕는 과정'입니다. 누구나 건강하지 못하고 아픈 부분은 있기 마련입니다. 이에 대해서 위로받고 털어놓으면 아픔이 줄어들기도 하고 깨닫기도 하며 성숙할 수 있는 계기가 될 수 있습니다.

미술치료는 장애유무와 상관없이 누구나 받을 수 있는 것입니다. 외국 드라마나 영화를 보면 주인공들이 심리치료나 상담을 자연스럽고 편안하게 받는 모습을 종종 볼 수 있습니다. 우리나라도 가까운 미래에는 보다 많은 사람들이 필요할 때 편안하게 찾을 수 있게 될 것입니다.

"그림으로 다 알 수 있어요? 좀 알려주세요."

요즘엔 TV에서도 그림검사하는 장면을 많이 볼 수 있는데 그래서인지 미술치료라고 하면 그림을 통해 진단하고 평가하는 것만이 전부라고 생각하는 분들도 계십니다. 그림검사를 통한 올바른 진단과 평가는 치료나 상담을 위해 꼭 필요하지만 미술치료에서는 그림검사뿐만이 아니라 치료과정도 매우 중요합니다.

사람의 무한한 가능성과 잠재력을 단지 그림 한두 장을 통해 진단하는 것은 대단히 위험합니다. 이 세상에 있는 어떤 검사로도 사람을 다 알 수 없기 때문입니다. 그림검사만으로 평가하는 것이 아니고 다른 여러 검사와 치료과정 속에서 내담자의 다양한 작품을 통해 알 수 있는 것입니다. 그리고 그림검사를 하는 경우 역시 전문적인 심리검사 훈련을 받은 분들이 하셔야 합니다. 미술치료는 무언가를 알아내고 들춰내려고 하는 것이 아니라 더 건강해지고 행복해지기 위한 것입니다.

"난 그림도 잘 못 그리고 미술을 못하는데 어떻게 미술치료를 하지요?"

성인, 청소년 아이들이 처음 가장 많이 하는 질문 중 하나입니다. 이럴 때마다 "가장 좋은 그림은 자신의 마음을 잘 표현한 그림이다."라고 설명해주곤 합니다. 어려서부터 평가받는 교육에 익숙해진 분들께는 미술이 무척 부담스러운 과정이었을 것 같습니다. 열심히 그렸는데도 기술적으로 못 그렸다고 평가받으면 좌절감과 열등감을 느낄 수 있습니다.

하지만 미술치료에서는 작품을 평가하거나 못했다고 비난하지 않습니다. 창피를 주거나 무안을 주지도 않습니다. 표현 그 자체의 의미를 중요하게 여기고 존중합니다. 미술치료를 하게 되면 미술이 얼마나 즐겁고 재미있는 과정인지를 알게 되실 것입니다. 미술은 우리의 '표현방법' 중 하나이고, '유희'가 되기도 한답니다.

또한 미술치료를 하면 그림만 그릴 것이라고 생각하시는 분들이 많은데요, 미술의 세계는 엄청나게 넓습니다. 일상생활에서 편안하게 구할 수 있는 밀가루, 설탕 등이 재료가 되기도 하고, 나뭇잎 등 자연물을 활용하기도 합니다. 그림에 대한 부담이 큰 내담자에게는 억지로 그림을 강요하지 않습니다. 내담자에게 적절한 매체를 탐색하고 발견해나가는 과정을 경험하도록 합니다.

"이것도 문제고, 저것도 문제고… 문제투성이에요."

아이들 대상으로 미술치료를 할 때 아이들의 여러 가지 문제를 모두 수정하고 싶어 하시는 부모님들을 종종 만납니다. 가장 먼저 생각하게 되는 것은 "정말 아이만의 문제인가?"라는 것입니다. 때로는 아이를 '문제아'로 보는 부모님이나 주변의 시각과 태도가 진짜 문제일 수도 있습니다. 미술치료를 한다고 모든 문제를 고쳐서 새로운 아이로 만들어낼 수 없습니다. 부모님과 주변의 지속적인 관심과 노력이 아이들을 건강하게 만듭니다.

"조금 좋아지는 것 같더니만 별로 다른 것도 없는데요, 뭐."

치료를 하면 보통 6개월 정도를 유지하는 것이 좋습니다. 일관성 있게 반복적으로 개입하면 내담자들이 안정감을 느끼며 건강해집니다. 작은 습관 하나를 고칠 때도 시간이 오래 걸리듯 사람의 마음과 내면이 달라지는 데 시간이 걸리는 것은 당연합니다. 의뢰자의 입장에서 빨리 변화를 보고 싶어 조급해지는 것은 당연하지만, 내담자의 마음을 보살피는 일이니 인내하면서 기다려주실 필요가 있습니다. 부모님이 너무 조급해하면 아이들도 불안해하고 죄책감을 느끼게 되어 오히려 치료에 방해가 됩니다. 치료를 조기에 종결하거나 여러 기관을 옮겨 다니며 여러 번의 치료를 경험하는 것 또한 도움이 되지 않습니다.

"선생님이 전문가니 알아서 해주세요. 전 바빠서 자주 오진 못할 거예요."

아동의 미술치료 과정에서 부모님의 참여는 중요합니다. 주 1회 치료실에서 훈련하는 아이들이 가정에서 같은 정서를 유지하기 위해서는 부모님들께서도 함께 노력해주셔야 합니다. 전문가에게 맡기는 것으로 부모의 역할이 끝났다고 생각하실 수 있지만, 치료과정에서 부모님들이 해주실 노력들이 여전히 존재합니다. 부모님이 관심을 가지고 참여할 때 좀 더 빨리 문제해결로 갈 수 있습니다. 부모는 자녀를 가장 잘 알고 있는 또 다른 전문가로 미술치료사와 부모라는 전문가들의 만남은 엄청난 시너지를 발휘할 수 있기 때문입니다.

"오늘이 마지막이에요. 엄마가 그만 다녀도 된대요."

때때로 안타깝다고 느껴지는 것은, 어머님들께서 아이들이 조금 좋아졌다고 느끼실 때 바로 치료를 그만두는 것입니다. 그리고 그 과정에서 아이들과 상의 없이 혼자 결정하시는 경우도 있습니다.

치료사는 때로 내담자들에게 대리 부모의 역할을 합니다. 미술치료는 치료사와 내담자의 관계를 통해 내담자들의 성장과 발달을 지원하는 과정이기 때문입니다. 만남에는 헤어짐이 있을 수 있지만 어떻게 헤어지고 마무리되는지는 매우 중요한 요소입니다. 아이들도 치료사 선생님과 인사하고 이별할 준비가 필요합니다. 마무리를 할 때는 치료사와 부모님, 아이 모두가 함께 시기를 의논하고 충분히 서로의 마음을 나눌 수 있는 시간이 있어야 합니다. 그래야 아이들이 건강한 헤어짐을 경험할 수 있습니다.

"그냥 노는 것 같은데, 이런 게 치료가 되나요?"

위니컷이라는 학자는 인간에게는 '놀고 싶은 본능'이 있고, 특히 아이들은 이러한 '놀이'를 통해 성장하고 발달해나간다고 이야기했습니다. 놀이는 인간을 행복하게 해주고 마음을 편안하게 해줍니다. 아이들은 놀이과정을 통해 스스로 배우고 깨닫습니다. 자신이 할 수 있는 것이 무엇인지 느끼고 자존감과 자신감을 높이게 됩니다. 아이들뿐 아니라 모든 내담자들 역시 마찬가지입니다. 미술치료사가 제공하는 안전한 물리적, 심리 정서적 환경에서 안전한 미술매체로 자기 자신과 상호작용하는 과정은 좌뇌와 우뇌를 동시에 사용하고 여러 감각들을 활용하는 의미 있는 놀이이자 승화이며 창조적 활동입니다.

"TV에서처럼 그렇게 하는 것인가요?"

짧은 기간에 아이들의 행동을 극적으로 변화시키는 TV프로그램의 영향으로 많은 부모님들께서 이와 같이 치료할 수 있는지를 질문하십니다. TV에서는 나오는 내용은 여러 과정들을 압축하여 짧게 보여주기 때문에 매우 극적이고 효율적으로 보입니다. 그렇지만 실제로 현장에서 만나는 아동들의 어려움은 매우 다양하고 장기적인 접근을 필요로 합니다. 우리의 사소한 습관이나 행동, 성격을 변화시키기가 얼마나 어려운지를 생각하신다면 아이들 또한 그렇다는 것을 이해하셔야 합니다. 작은 변화는 큰 변화의 씨앗이 되고 작은 변화들이 모여 큰 변화를 이룬답니다. 작은 변화를 알아챌 수 있는 어른들의 시각과 노력이 그 무엇보다 필요합니다.

"미술치료는 애들만 하는 거 아니에요?"

흔히 미술치료는 아이들만 위한 것으로 생각하는 경향이 있는 것 같습니다. 그러나 앞에서 살펴본 미술치료의 장점에서도 다루었듯이 미술치료의 대상은 다양합니다. 실제로 다양한 현장에서 여러 대상들이 미술치료를 경험하고 있습니다.

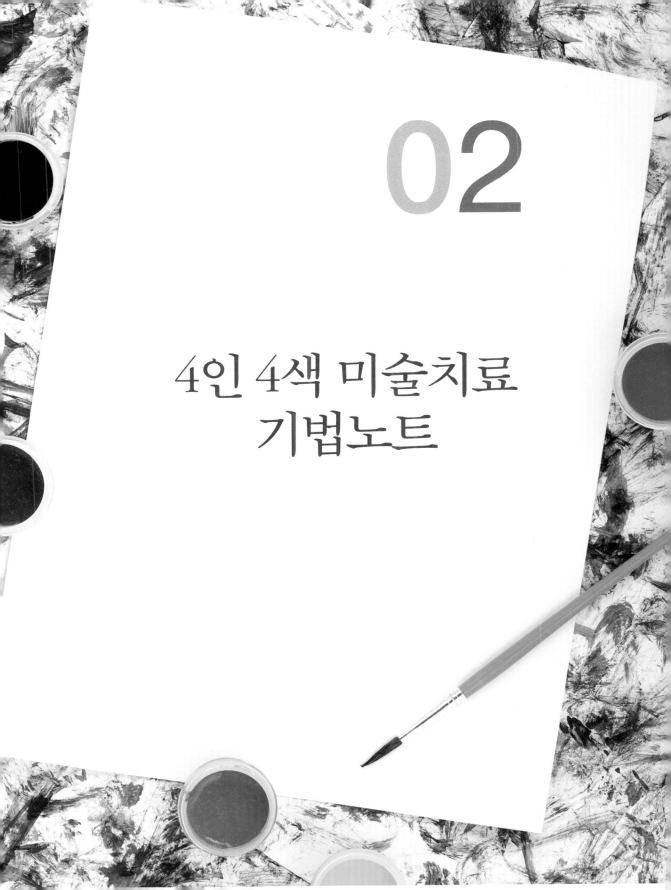

02

4인 4색 미술치료
기법노트

1. 녹색클로버의 기법노트

1) 퍼즐 만들기

대상 : 모든 연령, 집단

매체 : (밑그림이 그려진) 흰 우드락, 마커펜 또는 아크릴 물감, 우드락 본드, 붓,
　　　물통

목표 : 관계성 향상, 대처방법 탐색 및 자기생각 점검 기회 제공

사람들은 서로 영향을 주고받으며 살아가지만, 이를 인식 못하는 경우가 많이 있습니다. 이 작업을 통해서 자신이 집단원들에게 어떤 영향을 주는지 객관적으로 발견할 수 있고, 집단 역동 안에서 자신을 보다 구체적으로 발견할 수 있게 됩니다. 그래서 자신에 대한 인식과 행동을 변화시킬 수 있습니다.

활동과정

1. 2절 우드락에 밑그림을 그린 후에 퍼즐 조각처럼 잘라서 작업 준비를 해놓습니다. 너무 작게 자르면 작업이 어렵기 때문에 적당한 크기(B5 크기)로 자르도록 합니다. 연령이 어린 경우 조각을 좀 더 크게 자릅니다. 그리고 다음과 같이 시작합니다.

> "눈에 보이는 한 부분으로 모든 것을 판단하려는 모습을 볼 때가 많습니다. 〈맹인과 코끼리 이야기〉처럼 마치 그림의 한 조각으로 전체를 판단하려는 것과 같습니다. 퍼즐 작업을 통해서 전체를 볼 수 있는 시각과 자신의 판단이 항상 옳지 않을 수도 있다는 사실을 발견할 수 있게 될 것입니다. 한 조각 한 조각 작업하면서 큰 틀을 짤 수 있게 될 것입니다."

2. 전체조각을 펼쳐놓고 마음에 드는 조각을 선택해서 각자 작업을 하도록 합니다. 모든 조각을 모아 붙이면 커다란 그림이 된다는 것을 집단원들에게 말해줍니다.

　　종종 "다른 그림을 그려도 되나요? 원하는 것을 표현해도 되나요?"라고 묻는 집단원들이 있습니다. 이럴 때는 자유롭게 그림을 그리되 밑그림을 살려서 그리도록 제언합니다.

3. 준비된 조각이 다 표현되어 완성되면 집단원들이 모여서 조각을 우드락 본드로 접착하여 전체 그림이 한눈에 들어올 수 있도록 퍼즐을 맞추도록 합니다.

4. 완성된 작품을 약간 떨어진 상태에서 살펴보고 서로 작품에 대해서 sharing(이야기 나누기)을 합니다.

sharing

1. 작업하면서 느낀 점은 무엇입니까?
2. 내 작업이 전체에 어떤 영향을 미치고 있다고 생각하나요?
3. 활동을 하면서 떠오른 생각이나 인물, 직업 등은 무엇인가요?
4. 완성된 작품 속에서 자신의 역할은 무엇인가요?

▲ 중학생 대상으로 한 〈퍼즐 만들기〉로 전혀 다른 그림의 조각 같지만 퍼즐을 서로 연결하면 하나의 전체 그림으로 표현되는 것을 볼 수 있습니다.

 퍼즐처럼 만다라를 만들어 작업하는 것도 재미있고 흥미 있는 활동이 될 것입니다.

 전체 그림을 이해하기 어렵거나 작품의 질을 높이기 위해서는 자른 조각을 한 번 퍼즐로 맞춘 후에 활동하도록 할 수도 있습니다. 하지만 전체 그림을 상상하도록 하는 것이 더 좋습니다.

2) 동굴 벽화

대상 : 초등학교 고학년 이상, 집단
매체 : 찰흙 또는 지점토(2개씩), 우드락(B5 크기), 이쑤시개, A4용지(신문지)
목표 : 긴장완화 및 에너지 발산, 좌절감 극복

미술을 할 때 잘해야 한다는 부담을 느끼는 사람들이 있습니다. 이런 경우 점토 작업은 손쉽게 수정이 가능하고, 결과에 목적을 두지 않기 때문에 마음 편하게 작업을 할 수 있습니다. 또 최종 작업에서 작품을 변형할 수도 있는데, 이 과정을 통해서 스스로 결과물의 부담에서 벗어날 수 있습니다. 찰흙 작업은 긴장을 풀 수 있도록 하고, 에너지를 끌어내어 에너지를 긍정적으로 사용할 수 있도록 돕습니다.

활동과정

1. 각 집단원에게 찰흙을 나누어주고 자유롭게 찰흙을 던지고 주무르도록 합니다. 이는 긴장을 풀고 편안하게 작업에 참여할 수 있도록 하기 위함입니다.
2. 찰흙에 대한 탐색을 충분히 했다면, 우드락에 점토를 붙여서 동굴벽화를 만들어보도록 합니다. 종종 표면을 매끈하게 표현하는 경향이 있는데 거칠게 작업해도 괜찮다는 이야기를 해줍니다.
3. 선조들이 동굴에 벽화를 남긴 이유는 무엇인지 서로 이야기 하도록 합니다. 또 만약 내가 후대에게 벽화를 남긴다면 그 이유는 무엇일지에 대해서 서로 생각해보도록 합니다.
4. 후대에게 꼭 전하고 싶은 내용을 벽화로 자유롭게 표현하도록 합니다.
5. sharing이 끝난 후 동굴 벽화를 재구성하고 싶은 사람은 다시 원하는 모습으로 작업할 수 있도록 합니다.

sharing

1. 후대에게 그 메시지를 전하고 싶은 이유는 무엇인가요?

2. 이 벽화를 얼마나 많은 후대 사람이 보길 원하고 있나요?

3. 후대 사람들이 봤을 때 어떤 느낌을 받길 원하나요?

4. 수정했다면 수정한 이유는 무엇인가요?

예시 작품

◀ 이 작품은 14세 중학교 1학년 남학생의 작업으로 동굴 벽에 그린 것입니다. 내담자는 "공룡은 크고 힘도 셀 것 같아요. 그래서 친구들을 물고 다니는 것 같아요."라며 자신의 마음을 이 작품에 잘 나타내고 있습니다.

 tip 아크릴 물감이나 반짝이 풀을 사용하면 더 풍성한 작품을 만들 수 있습니다.

3) 동굴 역동 작업

대상 : 초등학교 고학년 이상, 집단

매체 : 반짝이 풀, 아크릴 물감, 찰흙(1개 씩), 지난 동굴 벽화

목표 : 집단원 간 역동 탐색, 자아통찰, 좌절감 극복

이 〈동굴 역동 작업〉은 개인의 심리적인 기제와 집단 역동을 탐색하기 위한 과정입니다. 집단의 흐름은 답이 정해져 있지 않고, 집단 안에서 개개인이 느끼는 감정과 경험이 모두 다릅니다. 좋은 질문을 통해 내담자들이 스스로 해답을 찾도록 돕는 치료사의 역할이 중요합니다. 질문을 통해 내담자들은 다양한 각도에서 자신을 살펴보고 생각할 수 있습니다.

위에 동굴 벽화 작업 이후를 연결하여 진행하면 좋습니다. 현재 자신이 동굴에 있다고 생각하고 벽화를 그릴 자리를 선택하고 피드백을 받음으로써 보다 명확한 경험을 할 수 있을 것으로 기대합니다. 또한 공간 내에서 신체를 움직여 보다 역동적인 경험을 할 수도 있습니다. 이 작업을 통해 작품의 내용을 재구성하는 경험 또한 할 수 있습니다.

활동과정

1. 작업 공간을 동굴이라고 설정하고 동굴의 입구와 출구를 정합니다.

> "이곳은 동굴입니다. 나의 벽화가 어떤 곳에 어떻게 있는지를 생각해보고자 합니다. 저곳이 입구이고 반대 쪽은 동굴의 끝입니다. 각자의 작품을 가지고 동굴의 위치에 서 보세요."

2. 집단원들이 자리를 잡으면 다양한 질문을 통해서 심리적인 기제나 흐름, 집단 안에서 나타나는 역동 등을 탐색합니다.

3. 개인 탐색이 끝난 후에 작품을 재구성하거나 표현할 수 있도록 합니다. 이

과정에서는 작품을 완전히 재구성하는 것도 가능하므로, 자유롭게 표현하도록 돕습니다.

sharing

1. 현재 위치를 선택한 이유는 무엇입니까?
2. 동굴에 방문한 사람들이 내 작품을 어떻게 대하면 좋겠습니까?
3. 작품에 대한 나 자신의 태도는 무엇입니까?
4. (활동 후 새롭게 변형작업을 하면서) 변화를 주고 싶었던 이유는 무엇입니까?
5. 새롭게 작업된 작품을 통한 나의 만족도는 어떻습니까?

축어록(중O학년, 남자, 6명 집단)

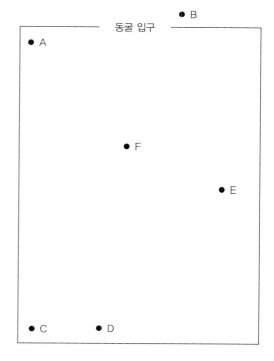

치료사 : 각자 편한 곳에 위치하였나요? 서로 생각하는 동굴의 크기와 깊이, 높이는 다를 수 있어요. 그것을 생각하기 바랍니다.

치료사 : B는 동굴의 입구에 자리를 잡았군요. 동굴 안인가요? 동굴 밖인가요?

집단원 B : 밖이요.

치료사 : 동굴 밖을 선택한 이유가 있나요?

집단원 B : 그냥… 어두운 곳보다는 밝은 곳이 좋고요. 동굴에 들어올 때 사람들의 기분이 좋았으면 좋겠어요.

치료사 : 무엇 때문에 사람들의 기분이 좋아지길 바라나요?

집단원 B : 사람들의 마음이 불편하면 나 또한 우울할 것 같아요.

치료사 : 혹시 상대방의 기분이 B 때문이라고 느끼는 경우가 있나요?

집단원 B : 예. 그래서 종종 사람들의 눈치를 보려고 해요.

치료사 : 무엇 때문에 이런 생각이 들었나요?

집단원 B : 글쎄요.

치료사 : 한 번 탐색해야 할 주제인 것 같네요. 그럼 사람들이 B의 작품을 어떻게 대하면 좋을 것 같아요?

집단원 B : 잘 대해주고, 높은 값으로 인정해주면 좋겠어요.

치료사 : 아~ 그렇게 높게 평가하지 않고 생각보다 낮게 평가할 경우 어떤 생각이 드나요?

집단원 B : 우울하고요. 내가 그렇게 능력이 없나… 제가 평가 절하되는 느낌이 들 것 같아요.

치료사 : 무엇 때문에 그런 느낌을 받게 될까요?

집단원 B : 제 작품이 낮게 평가되었기 때문인 것 같아요.

치료사 : 그럼 사람의 평가에 민감한 편인 것 같은데 어떻게 생각해요?

집단원 B : 그런 것 같은데요. 대부분 다 그렇지 않나요?

치료사 : 다른 집단원들은 어때요?

집단원 A : 다른 사람의 평가도 틀릴 수 있지 않아요?

집단원 B : (잠시 생각하는 모습)

치료사 : 위치는 어디에요?

집단원 A : 동굴 입구 쪽입니다.

치료사 : 선택한 이유는 무엇인가요?

집단원 A : 입구에 위치하면 사람들이 잘 발견할 수 있을 것 같고요. 제 작품을 자랑하고 싶거든요.

치료사 : 자신의 작품을 사람들이 잘 발견하기를 기대하나 봐요.

집단원 A : 예. 저는 제 작품을 사람들이 발견하고 즐거워했으면 좋겠어요.

치료사 : (집단원들에게) 여러분들은 어떻게 생각하세요. 입구에 있으면 잘 발견될 수 있을까요?

집단원 E : 밝은 곳에서 어두운 곳으로 들어오면 오히려 입구는 더 발견되기 어려울 것 같아요.

치료사 : 그럴 수도 있겠군요.

집단원 E : 동굴 안으로 좀 더 들어가야 할 것 같네요.

치료사 : A는 사람들에게 발견되길 원하는 것 같아요. 그럼 이 작품을 후대 사람들이 어떻게 대하면 좋을까요?

집단원 E : 잘 대해주길 바라지요.

(중략)

치료사 : 자, 이제 서로 개인의 탐색을 마치고 자신의 작품들을 재구성하도록 합시다. 지난 작업에 아쉬웠던 부분이 있었거나, 오늘 활동하면서 혹 있었다면 준비된 재료를 사용해서 표현하면 돼요.

집단원 D : 어떻게 변형이 되어도 상관없어요? 저는 완전히 찰흙을 덧칠해 새롭게 하고 싶은데요?

치료사 : 그럼요. 자신이 원하는 대로 충분하게 표현하길 바랍니다.

 〈동굴 역동 작업〉을 할 때 직접적인 지시문보다는 질문을 통해서 자기 스스로 해답을 찾도록 진행합니다.

4) 표정 가족화

대상 : 초등학생 저학년 이상, 개인, 집단, 가족

매체 : 다양한 표정(도안), 8절지, 색연필, 가위, 풀

목표 : 감정을 활용한 가족 탐색, 가족의 심리적 역동 탐색, 가족 내 자신의 역할 발견

〈표정 가족화〉는 각 가족 간에 심리적인 특성, 가족에 대한 감정적인 경험, 가족 개인의 양가적 표현 등을 탐색하기 위한 기법입니다. 자신과 가족에 대한 표정을 표현하여 표정과 행동의 차이를 발견할 수 있고, 내담자가 주관적 느낌을 보다 명확하게 이해할 수 있습니다.

> **tip** 기존에 미술치료에서 가족을 탐색하는 기법들은 〈동물 가족화〉, 〈물고기 가족화〉, 〈색종이 가족화〉, 〈동적 가족화〉, 〈동그라미 가족화〉 등이 있습니다. 치료의 목적과 대상에 따라 다양한 가족화 기법을 사용할 수 있습니다.

활동과정

1. 활동을 시작하기 전에 잠시 표정 놀이를 합니다. 서로 돌아가면서 '~하는 얼굴'이라고 지시하면 서로 그 얼굴을 찾아봅시다. 예를 들면, "짜증나는 얼굴"이라고 한 사람이 이야기하면 집단원들이 각각 도안에서 '짜증나는 얼굴'이라고 생각되는 표정을 찾는 것입니다. 이때 각자 느끼는 감정이 다르기 때문에 서로 다른 얼굴을 찾을 수도 있습니다.

2. 각 가족 구성원의 대표적인 표정을 찾아서 가위로 오려봅니다. 가족이 5명이라면 5개의 표정이 나타나게 합니다.

3. 오린 표정을 8절지에 붙이고 그 표정으로 하고 있는 행동을 표정그림에 이어서 그려보도록 합니다. 신체도 그려야 하므로 각 표정들은 거리를 두고 붙이도록 합니다. 내담자를 제외한 행동은 구체적으로 표현하지 않아도 되고

졸라맨처럼 재미있게 표현해도 됩니다.

4. 가족을 표현한 후에 자유롭게 배경을 그리도록 합니다.

sharing

1. 각 가족 구성원들의 표정과 감정적인 느낌은 무엇입니까?

2. 내담자에게 가장 친밀감을 주는 대상은 누구입니까?

3. 나에게 가장 편안한(불편한) 대상은 누구입니까?

4. 전체 가족의 모습(활동)을 보면서 깨달은 점은 무엇입니까?

5. 내담자의 역할이 가족에게 미친 영향력은 무엇입니까??

6. 가족 중 변했으면 좋겠다고 느끼는 대상은 누구입니까?

7. 가족 역동성 속에 내담자의 역할은 무엇입니까?

8. 가족의 변화를 위해서 내담자 자신이 취할 수 있는 행동은 무엇입니까?

예시 작품

◀ S중학교에서 부모 교육 시 표현한 〈표정 가족화〉로 좀 심하게 밀착된 모자 가정 작업의 어머니 작품입니다. 치료사가 '작품을 통해서 깨달은 것'을 묻자, 어머니는 '계속 바라보는 느낌'이라고 합니다. 자녀가 느끼는 감정에 대해서 묻자, 어머니는 "아이가 부담스러울 것 같네요. 약간 신경을 좀 줄여야 할 것 같네요."라며 자각하는 것을 볼 수 있었습니다.

 tip 표정으로 다양하게 작업할 수 있습니다. 〈표정 학교 생활화〉, 〈표정 집단 동료화〉 등 다양한 접근이 가능합니다.

5) 집단 역동화

대상 : 초등학교 저학년 이상, 집단
매체 : 다양한 표정(도안), 전지(5~7명 정도에 1장씩), 드로잉 재료, 가위, 풀
목표 : 집단 안에서 역할과 역동을 발견, 선택과 책임을 경험함

집단의 분위기는 개인의 행동과 태도에 영향을 줍니다. 또한 개인도 집단의 분위기에 영향을 주게 됩니다. 〈집단 역동화〉를 통해 개개인이 집단 내에서 어떤 영향을 주고받는지를 살펴볼 수 있습니다. 개인의 변화를 통해 집단의 변화가 이루어지는 과정 또한 함께 발견할 수 있습니다.

활동과정

1. 자신의 대표 표정을 선택하고, 선택한 표정을 사용해서 내담자 개인의 모습을 표현하도록 합니다. (〈표정 가족화〉에 이어서 작업할 경우 〈표정 가족화〉에서 자신을 오려서 사용하면 됩니다.)
2. 전지를 5~7명당 1장씩 나누어주고 전지를 붙인 후에 오려낸 자신의 그림을 전지의 원하는 곳에 붙이도록 합니다.
3. 자신의 그림 주변을 표현하도록 합니다. 일단 자신을 중심으로 해서 주변으로 표현을 확대하도록 합니다.

 이동할 때 혹은 다른 사람의 작품에 표현할 때 양해를 구하도록 합니다. 즉 상대의 허락을 받은 후에 활동하는 것을 원칙으로 합니다.

4. 개인의 표현이 어느 정도 적당하게 되었다면 주변을 탐색하고 표현할 수 있도록 합니다. 중요한 것은 자신이 원한다고 표현하기보다 상대를 염두에 두고, 양해를 구하면서 표현하도록 합니다.

5. 혹시라도 이동하고 싶은 곳이 있다면 이동하도록 합니다.

sharing

1. 작업을 하면서 느낀 점은 무엇입니까?

2. 전체 작품을 보면서 자신의 역할이나 역동은 무엇인지 발견한 것이 있다면 그것을 표현한 것은 무엇입니까?

3. 다른 사람의 작품이나 활동 중 나의 심리적 역동에 영향을 미친 것이 있다면 그것은 무엇입니까?

4. 이동한 경우 이유가 있다면, 또 이동을 거절받았을 때 어떤 느낌을 받았습니까?

5. 거절받았다면 그것으로 인해서 발견된 것은 무엇입니까?

6. 전체 작품을 보면서 느낀 것은 무엇입니까?

7. 활동을 하면서 가장 불편한 것은 무엇입니까?

▲ 성인 집단에서의 〈집단 역동화〉입니다.

• 작품의 내용이 전반적으로 셋으로 구분된 상태로 보여집니다. 의도적인 모습은 아니였지만 나뉜 모습을 발견할 수 있습니다.

• 처음 자기 작품의 배경을 표현할 때는 적극적인 모습을 보였지만 상대방의 작품을 꾸밀 때는 약간 수동적인 태도를 보였습니다. 아무래도 서로 간에 침범에 대한 우려 때문으로 보입니다.

• 서로 상대방의 작품에 활동할 때 양해를 구하고 활동에 임하기보다 자기 입장에서 표현한 경우 나중에 피드백에서 약간 불편한 경험을 했습니다. 이런 경험을 통해서 서로의 마음을 알 수 있는 가장 좋은 방법은 묻고 그 답에 귀를 기울이는 것으로 그 경험을 통해 변화를 줄 수 있습니다.

 다른 매체를 사용해서 작품 활동을 입체적으로 표현할 수도 있습니다.

6) 보약 만들기

대상 : 모든 연령, 집단, 가족

매체 : 다양한 한지(B5 크기), 지끈, 다양한 견과류(땅콩, 아몬드, 해바라기 씨 등),
　　　초코볼

목표 : 상대의 필요를 탐색, 자존감 향상

〈보약 만들기〉 작업은 서로를 위한 약의 이름(주제)을 지어보고 작업 후에 보약을 나눠 먹는 활동을 통해 함께 교제하도록 하였습니다. 그리고 어렵지 않은 작업을 통해서 좋은 결과를 볼 수 있어 자존감 향상에 도움을 줍니다. 여기서 보약은 질병을 치료하는 역할뿐 아니라 관계와 성장에 관심을 기울인다는 의미를 담는 것이 좋습니다.

활동과정

1. 상대방의 성장을 위해서 정말 필요한 주제가 무엇인지를 탐색하여 보약의 주제를 정합니다.

2. 주제를 정한 후에 원하는 색의 한지를 선택해서 견과류와 다른 매체들로 적당하게 약첩을 만들도록 합니다.

3. 표현된 약첩을 지끈으로 묶어서 보약을 2개 이상 완성합니다.

4. 좌우 혹은 상대에게 하나, 자신에게 하나 선물하도록 합니다. 이때 보약의 이름을 전하면서 전달합니다.

5. 받으면서 주어진 느낌을 전달하도록 합니다. 특히 전달받은 주제에 대한 경험을 표현하도록 합니다.

sharing

1. 상대방이 나를 탐색하면서 결정한 주제에 대해 어떤 느낌을 받았습니까?

2. 주제를 생각하면서 보약을 제작할 때 느낀 점은 무엇인지 살펴봅시다.

3. 보약을 받으면서 느낀 점은 무엇입니까?

4. 자신이 원하는 주제가 무엇인지 서로 나눌 때 상대방의 반응에 대해 어떤 느낌을 받았습니까?

5. 매체에 대한 자신의 경험에는 어떤 것이 있고 이 경험을 통해서 떠오르는 상황이나 인물은 누구입니까?

6. 서로 나누면서 경험한 것을 표현하도록 합시다.

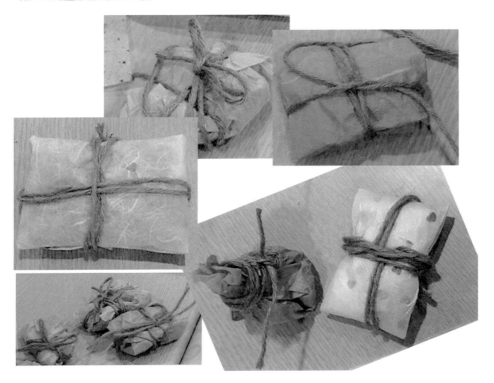

▲ 가족캠프에서 만든 〈가족을 위한 보약〉입니다. 거짓말 안 하는 보약, 약속 시간을 잘 지키는 보약 등 서로에게 필요한 것을 약의 이름으로 지었습니다.

 견과류는 그대로 사용할 수도 있지만 약간 갈아서 사용하면 더 좋을 수 있습니다.

작품의 결과물이 약간 화려하거나 풍요롭게 나타나도록 하면 더 좋을 것 같습니다. 예로 한지는 화려하거나 다양한 종류를 사용하는 것이 좋습니다.

작품을 한 곳에 모아서 전시하는 것도 필요합니다. 전체 작품을 놓고 보면 각자 나름대로 다양한 모습을 표현할 수 있기 때문에 더욱 다양성을 경험하게 됩니다.

7) 가족 탐색하기(마인드 맵)

대상 : 초등학교 고학년 이상, 집단, 가족

매체 : 전지(가족이 작업할 경우) 또는 4절지(혼자 가족을 탐색할 경우), 매직펜,
　　　색연필, 잡지, 가위, 풀

목표 : 가족에 대한 이해

가족 내에서 서로의 의견을 잘 듣고 이해하는 것은 중요합니다. 이번 작업을 통해서 가족끼리 서로를 어떻게 이해하고 있는지 경험할 수 있게 됩니다. 또한 가족 서로의 욕구를 발견함으로써 서로의 필요를 채워줄 수 있고 보다 좋은 관계를 형성할 수 있습니다. 이때 필요한 것은 분명한 의사소통입니다. (이러한 의사소통이 상대에게 상처를 주기 위한 것이 아님을 신뢰한 상태면 더욱 좋습니다.)

활동과정

1. 전지(4절지) 중앙에 가족(대상)을 상징하는 물건, 동물 등을 붙입니다.
2. 다음과 같이 제시합니다.

> "지금부터 마인드 맵 작업을 시작하겠습니다. 자녀들은 부모님을 생각하면서 부모님은 자녀들을 생각하면서 작업하시길 바랍니다. 가장 자주 듣는 말 또는 취하는 행동들은 무엇입니까?"

3. 다음부터는 아래 주제를 가지고 자유롭게 표현하도록 합니다.

> "나에게 기대하는 것에는 어떤 것들이 있나요?"
> "상대방에게 자주 듣는 말 혹은 오늘 일어나서 상대방에게 들은 첫 말은?"
> "내가 꼭 듣고 싶은 것(소리)이 있다면?"
> "나를 행복하게 혹은 아프게 만드는 상대방이 말은 무엇인가요?"

4. 더 표현하고 싶은 것을 자유롭게 표현하도록 합니다.

   (예 : 자주 보는 표정은? 중요하게 여기는 것은? 유산으로 물려받고 싶은 것

   이 있다면? 등)

5. 서로 상대편의 작품을 보면서 느낀 점을 나누도록 합니다.

sharing

1. 내가 상대방에게 자주 사용하는 언어나 행동을 보면서 느낀 점은 무엇입

   니까?

2. 이런 상대방의 평가에 대해서 느낀 점은 무엇입니까?

3. 활동을 하면서 깨달은 것은 무엇입니까?

4. 상대방의 작품에서 이해할 수 없는 내용은 무엇이 있습니까?

5. 표현하면서 아쉬운 점은 무엇입니까?

6. 내가 정말 신경을 써서 주었으나 상대가 전혀 반대의 의미로 받아들인 것

   은 무엇입니까?

7. 무엇이 이렇게 느끼게 했을까요?

8. 이 중에 다른 것은 포기해도 절대로 포기할 수 없는 것은 무엇입니까?

9. 서로에 대해서 새롭게 느끼거나 경험한 것이 있다면 무엇입니까?

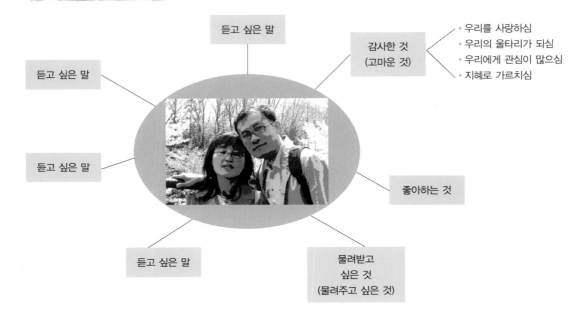

우리를 사랑하심
우리의 울타리가 되심
우리에게 관심이 많으심
지혜로 가르치심

듣고 싶은 말

감사한 것
(고마운 것)

듣고 싶은 말

듣고 싶은 말

좋아하는 것

듣고 싶은 말

물려받고
싶은 것
(물려주고 싶은 것)

▲ 위의 작품은 치료사가 D 초등학교에서 가족 집단 시 활동에서 예시로 활용한 것입니다.

 가능한 처음 시작은 편한 주제를 선택하고 어려운 주제로 나간 후에 끝에는 즐거운 주제로 마무리를 하는 것이 좋습니다.

8) 자기 가치 높이기

대상 : 모든 연령(자존감이 낮은 대상), 집단, 가족

매체 : 지점토(3개씩), 아크릴 물감, 꾸미기 재료(스팽글, 뽕뽕이, 반짝이 풀), 목공
   용 풀

목표 : 관계성 향상, 긍정적인 자화상 형성

간단하면서 누구나 할 수 있는 작업의 필요성을 절감하던 차에 입체적인 핸드 프
린팅을 작업을 시도해보게 되었습니다. 손을 본뜨는 과정을 통해서 자신 신체를
이해하고 자신의 소중함을 경험하게 될 것입니다. 또한 서로의 손을 꾸며 주도록
하면 더욱 효과적인 것 같습니다. 이 활동을 통해 서로의 가치를 인정하고 존중
하는 것을 경험할 수 있습니다.

활동과정

1. 지점토 2~3개를 주무르고 두들겨서 긴장을 풀고 에너지를 끌어올리도록 합
   니다.

2. 적당하게 부드럽게 만든 후에 둥글게 펼쳐서 서로 손 도장을 찍도록 합니다.
   이때 가능한 한 손이 선명하게 표현되도록 합니다.

3. 손도장을 찍은 후에 아크릴 물감을 사용해서 지점토를 칠하게 합니다. (이때
   붓을 사용해서 칠하는 것도 좋지만 손가락을 사용해서 칠하는 것도 좋습니
   다.) 칠할 때 가능하면 다양한 색을 사용하는 것도 필요합니다.

4. 칠을 마친 후에 다양한 매체를 사용해서 더 꾸미도록 합니다. 가능한 한 풍
   요롭게 표현하시면 됩니다.

sharing

1. 점토를 주무르면서 느낀 점은 무엇입니까?

2. 다양한 색을 손가락으로 칠하면서 느낀 점은 무엇입니까?

3. 준비된 매체를 사용해서 마음에 들게 표현한 느낌은 어떻습니까?

4. 그동안 손을 사용함에 있어서 고마운 마음을 전하지 못했는데 오늘 이렇게 손을 표현하면서 고마움을 표현한 느낌은 어떻습니까?

5. 서로 상대방의 손을 작업했다면 어떤 느낌이 드십니까?

6. 손을 표현한 것에 대한 느낌과 관심을 끄는 것은 무엇입니까?

예시 작품

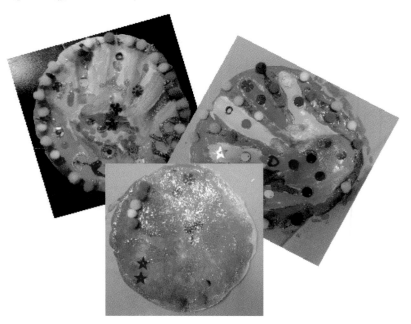

▲ D 시 건강가정 지원센터에서 7~8세 대상으로 서로 상대방의 손을 작업했습니다

 손을 꾸민 후에 4절지 위에 손을 얹고서 이 손으로 무엇을 하고 싶은지를 표현하는 것도 좋습니다.

2. 빨간사과의 기법노트

1) 이어 만들기

대상 : 초등학생 이상의 모든 연령 집단

매체 : 찰흙, 지점토, 칼라점토, 수채화 물감, 종이접시 또는 색상지

목표 : 자아존중감 및 사회성 향상, 서로 배려하기

〈이어 만들기〉는 자아존중감을 높여줌과 동시에 사회성 향상을 위한 기법입니다. 우선 집단 참가자들이 자기 자신에 대해 진지하게 생각해보는 시간을 가져볼 수 있고요, 또 다른 사람의 필요를 생각해보며 서로에 대한 관심과 배려를 표현함으로써 관계 향상을 돕게 됩니다. 이러한 과정을 통해 집단 참가자들은 공감과 지지를 경험할 수 있게 되고 자아존중감을 높일 수 있습니다.

활동과정

1. 먼저 집단원들에게 각자 자신을 나타내는 이미지나 상징을 생각해보게 합니다. ('상징'이라는 것에 대해 어렵게 느낄 수도 있으므로 동물이나 식물, 자연물, 여러 가지 사물 등을 예로 들어 설명해주는 것도 좋겠지요.) 그리고 나서 준비되어 있는 점토 재료 중 가장 먼저 찰흙을 사용하여 자신을 상징하는 형상을 만들어보도록 합니다. 이때 종이접시를 받침대로 이용해도 좋고, 자신의 상징물에 어울리는 색상지 위에서 만들어도 좋습니다.

2. 자신이 만든 상징물을 보며 떠오르는 느낌이나 생각을 색상지에 글로 표현해보도록 합니다. 글쓰기를 통해 자신의 느낌과 생각을 정리해보는 시간을 갖는 것인데요, 평소 글쓰기에 익숙하지 않은 사람들에게는 자유 글쓰기가 어렵게 느껴질 수도 있으므로 이런 경우에 '두 줄 글쓰기' 등의 형식을 활용하면 훨씬 쉽게 느껴진답니다.

3. 글쓰기를 다 마쳤으면 각자가 만든 형상을 옆에 있는 집단원에게 넘겨줍니다. 만약 작품을 옮기는 것이 불편하다면 집단원들이 자리를 옮길 수도 있습니다.

4. 이제는 지점토를 사용할 차례예요. 옆 사람이 만든 상징물을 보며 필요한 것은 무엇인지, 더 첨가해주고 싶은 것이 무엇인지 생각해본 후에 지점토로 만들어 덧붙여줍니다. 이때 옆 사람에게 무엇을 만들어달라고 하거나, 또는 하지 말라는 주문은 하지 않도록 합니다. 각자 스스로 다른 사람의 필요를 생각해보고 자발적인 관심과 배려를 표현할 수 있는 기회를 주어야 하기 때문이지요. 참, 그리고 반드시 지켜야 할 규칙이 있어요. 다른 사람이 만든 것을 훼손시켜서는 안 된다는 것이지요. 첨가해주는 것은 얼마든지 가능하지만 부수거나 없애버리는 것은 절대 안 됩니다.

   점토 작업을 마친 후에는 옆 사람이 쓴 '두 줄 글쓰기'에 이어서 자신의 느낌과 생각을 역시 두 줄의 글로 표현해줍니다.

5. 이와 같은 방식으로 계속해서 다음 집단원이 작품을 이어받아 더 첨가해주고 싶은 것을 만들어주는데요, 이번에는 색점토를 사용합니다. 지점토에 물감을 섞어 자신이 원하는 색점토를 만들어 사용해도 되고, 시중에 나와있는 칼라점토를 사용해도 좋습니다. 작업을 마친 후에는 '두 줄 글쓰기'를 계속해서 이어갑니다.

6. 다음 집단원은 어떤 재료든지 자유롭게 사용하여 표현을 첨가하면 됩니다. 글쓰기도 빠뜨리지 말아야겠죠?

7. 마지막 집단원이 작업을 마치고 나면 마침내 작품의 주인공이 작품을 돌려받게 됩니다. 자신의 작품을 돌려받은 후 좀 더 표현하고 싶은 것이 있으면 해서 완성하고, 마지막으로 자신의 느낌을 두 줄의 글로 마무리합니다.

8. 자, 이제 모든 과정을 다 마쳤네요. 그러면 집단원들의 표정이 어떤지 살펴볼까요? 자신이 만들었던 찰흙 작품에 여러 가지 색과 모양이 첨가되어서

더욱 멋진 작품으로 완성되어 돌아온 것을 보고 모두들 놀라워하며 행복해 하는 표정들이지요.

9. 이제 각자 작품을 만드는 과정에서 느낀 점과 자신의 작품을 돌려받고 느낀 감상을 서로 나누어보는 시간을 가지도록 합니다.

sharing

1. 자신이 만든 점토 상징물의 의미는 무엇인가요?
2. (그 작품에 표현을 첨가해준 다른 집단원들에게 질문합니다.)

   그 작품을 받아보고 느낀 점은 무엇이며, 첨가해주고 싶었던 것은 무엇인 가요?
3. 자신의 작품을 돌려받은 후의 느낌은 어떠했나요?
4. 다른 집단원들이 만들어 첨가해준 것 중 가장 마음에 드는 것은 무엇인가 요? 혹은 마음에 들지 않았던 것은 무엇인가요?
5. 다른 집단원들의 의도와 배려에 관한 설명을 듣고 난 후 어떤 느낌이 들었 나요?
6. 자신의 점토 작품과 글을 마무리하며 느낀 점을 이야기해보세요.

◀ 그리운 고향집
성인 여성 집단의 작품

◀ 바위
성인 남녀 집단의 작품

 집단 참가자들의 수가 많을 경우에는 4명 정도의 소그룹으로 나누어 활동하도록 합니다.

2) 돌려 그리기

대상 : 초등학생 이상의 모든 연령 집단

매체 : 4절지, 다양한 드로잉 재료, 필기도구

목표 : 감정 인식, 감정 표현, 타인에 대한 관심과 배려

〈돌려 그리기〉는 자신의 감정을 인식하고 표현해보도록 한 후, 집단 참가자들이 서로의 감정을 배려하고 공감해줌으로써 관계를 향상시키고 긍정적인 피드백을 통해 자아존중감을 높일 수 있는 기법입니다. 우선 집단 참가자들이 자신의 감정을 깊이 인식하고 표현할 수 있는 기회를 갖게 되며, 또 다른 사람의 감정에 대한 관심과 배려를 표현함으로써 서로에 대한 이해를 돕게 되어 긍정적인 관계 향상을 가져올 수 있을 것입니다.

활동과정

1. 집단 참가자들이 각자 '지금, 여기'에서 느껴지는 자신의 감정을 그림으로 표현해보도록 합니다. 구체적인 형상으로 표현할 수도 있고, 색채만으로 느낌을 표현할 수도 있겠지요.

2. 자신이 그린 그림 옆에 자신의 감정을 한 줄, 혹은 두 줄의 글로 표현해보도록 합니다.

3. 글쓰기를 다 마쳤으면 각자의 그림을 옆에 있는 집단원에게 넘겨줍니다. 그러면 넘겨받은 그림과 글에 나타난 감정을 탐색해본 후, 배려와 위로의 마음을 담아 더 그려주고 싶은 것을 그리고 글쓰기를 이어가는 것이지요.

4. 계속해서 다음 사람이 그림을 이어받아 같은 방법으로 표현을 첨가해줍니다. 〈이어 만들기〉와 마찬가지로 이 작업에서도 다른 사람의 그림을 훼손시켜서는 안 된다는 것 아시죠? 하지만 첨가해주는 것은 얼마든지 가능하답니다.

5. 자신의 그림을 돌려받은 후 좀 더 표현하고 싶은 것이 있으면 그리고, 마지막으로 자신의 느낌을 글로 마무리합니다.

6. 자, 그러면 이제 각자 그림을 이어 그리는 과정에서 느낀 점과 자신의 그림을 돌려받고 느낀 감상을 서로 나누어보는 시간을 가지도록 합니다.

sharing

1. 자신이 처음에 표현한 감정은 어떤 것이었나요?

2. (그림에 표현을 첨가해준 다른 집단원들에게 질문합니다.)
   그 그림을 받아보고 느낀 감정은 무엇이며, 어떤 배려와 위로를 표현하고 싶었나요?

3. 자신의 그림을 돌려받은 후의 느낌은 어떠했나요?

4. 다른 집단원들이 첨가해준 그림 중 가장 마음에 드는 것은 무엇인가요? 혹은 마음에 들지 않았던 것은 무엇인가요?

5. 다른 집단원들의 의도와 배려에 관한 설명을 듣고 난 후 어떤 느낌이 들었나요?

6. 자신의 그림과 글을 마무리하며 느낀 점을 이야기해보세요.

예시 작품

◀ **당신의 모습**
성인 여성 집단의 작품

◀ **폭포**
성인 남녀 집단의 작품

tip 3~5명 정도의 소그룹으로 활동하면 적당합니다. 그리고 인원수에 따라 글쓰기의 방법도 달라질 수 있겠지요. 예를 들어, 3명이라면 초장, 중장, 종장 이렇게 시조로 써보는 것도 재미있을 거예요.

3) 내 마음의 지니

대상 : 만 5세 이상의 개인 또는 집단

매체 : 4절지, 크레파스, 파스텔 등 다양한 드로잉 재료, 또는 점토 재료

목표 : 내면의 욕구 탐색

〈내 마음의 지니〉는 잘 알려진 '알라딘의 요술램프' 이야기에 나오는 램프의 거인 지니와의 만남을 통하여 내면의 욕구와 소망을 탐색해볼 수 있는 기법입니다. 어린 시절 알라딘 이야기를 책으로 혹은 애니메이션 영화로 보면서, 나에게도 소원을 이루어주는 거인이 나타난다면 얼마나 좋을까 하고 생각해보았던 기억이 누구에게나 있을 거예요. 자, 이제 그 소원을 미술치료 활동을 통해 이루어볼 수 있는 시간입니다.

활동과정

1. 먼저 알라딘의 요술램프 이야기를 떠올려보도록 합니다. (혹시 어린 아동들 중 아직 그 이야기를 모르는 친구가 있다면 치료사가 간략하고 재미있게 스토리텔링을 해주는 것도 좋겠지요.)

2. 아래와 같이 이야기한 후, 이것을 그림으로 표현해보게 합니다. 이 그림으로 내담자의 마음속에 있는 전능자의 모습이 표현될 수 있답니다.

> "자, 이제 내 앞에도 램프의 거인 지니가 나타났다고 생각해봅시다. 내 마음 속 램프의 거인은 어떤 모습일까요?"

3. 그리고 다음과 같이 제시합니다.

> "또 그가 나에게 세 가지 소원을 들어주겠다고 한다면 어떤 소원을 말하고 싶은가요? 한 번 표현해보세요. 그림으로 표현해도 좋고, 말풍선을 사용해도 좋겠죠. 소원을 딱 세 가지만 말할 수 있다니 아주 신중하게 생각해봐야겠지요? 참, 그리고 램프의 거인

지니가 들어줄 수 없는 소원이 한 가지 있었죠? 다른 사람의 마음을 마음대로 움직이는 것은 안 된다는 것, 잊지 마세요."

4. 그림 그리기를 마친 후에는 자신이 생각한 램프 거인의 모습과 자신의 세 가지 소원을 집단원들(개인치료인 경우에는 치료사)에게 소개하도록 합니다. 또 이 작업을 하는 과정에서 느꼈던 것과 떠오른 생각들을 이야기하며 함께 나누어보도록 합니다.

sharing

1. 내가 그린 램프의 거인 지니는 어떤 성품이나 특성을 가지고 있을까요?
2. 이러한 램프 거인을 내가 정말로 만난다고 상상해보세요. 어떤 느낌이 들까요?
3. 세 가지 소원 중 내가 꼭 이루고 싶은 가장 첫 번째 소원은 무엇인가요?
4. 나의 소원을 이루는 데 방해가 되는 것들이 있다면 어떤 것들인가요?
5. 그 방해되는 것들을 극복하려면 나에게 어떤 노력이 필요할까요?

예시 작품

▲ **내 마음의 지니**
여고생이 그린 작품

▲ **내 마음의 지니**
초등학생이 그린 작품

4) 석고 계란 만들기

대상 : 초등학생 이상의 개인 또는 집단

매체 : 석고붕대, 풍선, 종이컵, 수채화 도구, 반짝이풀, 스팽글, 리본, 뽕뽕이, 반
짝이 모루, 털실, 글루건 등

목표 : 자아존중감 향상 및 집중력과 성취감 높이기

알록달록 색색가지 풍선은 모든 아이들이 좋아하지요? 풍선은 아이들뿐 아니라
어른에게도 어린 시절의 즐거웠던 추억들을 떠올리게 하는 좋은 매체랍니다. 〈석
고 계란 만들기〉는 풍선과 석고붕대를 이용하여 계란 모양을 만들고 아름답게 꾸
며 봄으로써 자신에게 있는 소중한 것들과 마음의 소망을 생각해볼 수 있게 해주
며, 긍정적인 자아상을 갖게 하고 자아존중감을 향상시켜 주는 기법입니다. 뿐만
아니라 석고 계란 모형을 뜨는 과정과 계란을 아름답게 꾸며주는 작업을 통해 몰
입의 즐거움을 경험하게 하며 집중력과 성취감을 높일 수 있게 해준답니다.

활동과정

석고 계란 모형 뜨기 과정

1. 준비되어 있는 다양한 색의 풍선들 중 마음에 드는 것을 골라 적당한 크기로
   불어 묶어준 다음 종이컵 위에 올려놓습니다. 기왕이면 종이컵도 좋아하는
   색으로 선택하게 하면 좋겠지요.

2. 이제 석고붕대를 적당한 크기로 잘라서 물을 묻혀가며 풍선에 조심스럽게
   붙여줍니다. (이 작업을 하면 신기하게도 그렇게 산만하고 부산하던 대부분
   의 아이들이 매우 집중하는 모습을 보인답니다.)

3. 꼭지 부분을 제외한 풍선 전체에 석고붕대를 2~3겹이 되도록 고르게 붙인
   후 말려줍니다.(맑은 날에는 석고가 금방 마르지만 비 오고 습한 날에는 잘
   마르지 않아요. 그래서 석고 계란 만들기는 2회기에 걸쳐서 실시하는 것이

좋습니다.)

석고 계란 꾸미기 과정

1. 석고가 완전히 마른 후 꼭지 부분의 구멍을 통해 가위나 칼로 풍선을 터뜨려 줍니다. "펑!" 소리를 내며 "슈슈슉-" 쪼그라드는 풍선을 보며 아이들이 매우 재미있어 하지요.

2. 자, 이제 석고 계란을 멋지게 장식해주는 과정입니다. 꾸미기 재료는 가능한 한 다양하게 준비해주세요. 각자 원하는 대로 채색을 하고 각종 장식 재료들을 사용하여 멋지게 꾸며 나만의 계란을 완성합니다.

sharing

1. 석고 계란을 통해 무엇을 표현하고 싶었나요? 자신이 의도한 대로 만들어졌나요?

2. 모형 뜨기 과정과 꾸미기 과정 중에서 어떤 과정이 가장 재미있었나요?

3. 나의 작품을 보고 어떤 느낌이 드나요?

4. 나에게 있어서 가장 소중하게 품어주고 싶은 것은 무엇인가요?

5. 내 안에 있는 소중한 것들을 생각해보세요. 그리고 그것들이 장차 어떠한 모습으로 부화되길 원하는지 이야기해봅시다.

◀ 우리 딸 ○○이
성인 여성의 작품

◀ 우주
초등학생의 작품

5) 동그라미 속 세상

대상 : 초등학생 이상의 집단

매체 : 도화지, 컴퍼스, 크레파스와 파스텔 등 드로잉 재료

목표 : 공동체 의식 함양, 개성과 조화, 타인 존중하기

〈동그라미 속 세상〉은 여러 집단원들의 그림을 한데 합쳐 큰 원을 이루도록 하는 집단 만다라 기법입니다. 집단 참가자들 각각의 서로 다른 그림들이 한데 어우러져 조화를 이루는 경험을 하도록 함으로써 공동체 의식을 높이고, 나와 다른 타인의 생각을 존중할 수 있게 됩니다. 이 활동을 통해 모든 사람의 생각과 개성이 다르다는 것을 발견하고, 나와 '다르다'는 것이 결코 '틀리다'는 것은 아니라는 것을 인정하게 되지요. 이렇게 해서 지금까지 나와 다르다는 이유로 이상하다고만 여겼던 내 주변의 사람들을 새로운 시각으로 바라볼 수 있게 되는 기회가 된답니다. 그리고 이 세상은 가지각색의 꽃들이 피어있어 아름다운 정원처럼, 각기 개성이 다른 다양한 사람들이 모여서 더욱 아름다울 수 있다는 것을 모두가 깨닫게 될 거예요.

활동과정

1. 모두 합쳐서 하나의 큰 원을 이룰 수 있도록 치료사가 미리 8절 도화지에 원 호를 그린 후 집단원들에게 한 장씩 나누어줍니다. 일반적으로 4장 또는 6장을 모아 하나의 원을 이루게 되는데요, 집단원들의 수에 따라 조절할 수 있습니다. 참, 도화지 뒤에 번호를 써 두면 나중에 그림을 합칠 때 편하겠지요?

2. 자신이 받은 종이에 그려진 원호를 보고 각자 연상되는 것을 자유롭게 그린 후 색칠하여 완성합니다.

3. 자신의 그림에 제목을 붙인 후, 집단원들에게 자신의 그림을 소개합니다.

4. 자, 이젠 각 팀 별로 그림들을 모아 하나로 합쳐볼 시간이지요. 뒷장에 써 두었던 번호에 맞추어 4장 혹은 6장의 그림을 모아 붙여주세요. 그러고 나서 "짜잔~" 하고 뒤집어보면 모든 집단원들이 "와!" 하고 탄성을 지를 거예요. 제가 이 활동을 할 때마다 거의 모두가 그랬답니다.

5. 큰 원을 이룬 그림을 벽에 붙여놓고 잠시 감상하게 한 후 집단원 각자의 느낌을 말해보게 합니다. 나와 다른 다양한 시각들을 발견하고 놀라워하면서 서로를 이해하게 되는 시간이 될 거예요.

6. 그리고 각자 이 활동을 통해 느낀 점을 정리하여 '다섯 글자'로 표현해보게 하고 활동을 마무리합니다.

sharing

1. 내게 주어진 원호를 보고 무엇을 연상하였나요?

2. 내가 표현하고 싶었던 것은 무엇인가요?

3. 큰 원 속에 있는 나의 작품을 보고 어떤 느낌이 드나요?

4. 다른 집단원들이 그린 그림들 중 가장 마음에 드는 것은 어떤 것인가요? 또 가장 의외의 그림을 무엇인가요?

5. 각양각색의 그림들이 어떻게 조화를 이룰 수 있다고 생각되나요?

▲ 동그라미 속 세상

〈휴가〉, 〈박혁거세〉, 〈달을 보는 소년〉, 〈돋보기〉라는 제목의 서로 다른 작품들이 모여 하나의 작품인 〈동그라미 속 세상〉으로 완성되었습니다. 한 가족이 그린 집단 만다라로, 몸과 마음의 쉼을 원하는 어머니의 바람, 곧 부모의 품을 떠나 사회로 나가야 하는 대학 졸업반 큰 아들의 마음, 군대를 전역하고 다시 입시 준비를 하는 둘째 아들의 마음, 갓 입학한 대학 신입생 딸의 마음 등 가족구성원들의 다양한 욕구와 내면의 심리가 표현되었습니다.

 활동 시간이 좀 더 충분하다면, 원을 이루고 있는 각각의 그림 내용들을 연결시켜서 하나의 이야기로 만들어보도록 하는 것도 의미 있는 활동이 될 수 있습니다.

6) 꿈의 가방 만들기

대상 : 초등학생 이상의 개인 또는 집단

매체 : 다양한 색 골판지, 가방 모양 본, 다양한 잡지, 가위, 풀, 스팽글, 리본 등
장식재료, 접착제, 찍찍이

목표 : 내면의 욕구와 소망 탐색, 자아존중감 향상

〈꿈의 가방 만들기〉는 콜라주 기법을 활용하여 자신의 내면에 있는 소망과 욕구
를 탐색해보고 자신이 진정으로 원하고 소중히 간직하고 싶어 하는 것이 무엇인
지 찾아볼 수 있는 기법입니다. 꿈의 가방은 시공간을 초월하여 무엇이든지 담을
수 있는 가방으로, 자신이 원하는 것을 다양한 잡지에서 모두 오려 담을 수 있습
니다. 예쁜 가방 안에 담긴 자신의 꿈과 소망을 보면서 내담자들은 뿌듯함과 성
취감을 맛볼 수 있고, 또 다가올 미래를 더 구체적으로 계획하며 적극적인 태도
를 갖게 될 것입니다.

활동과정

1. 원하는 색의 골판지를 선택하여, 치료사가 미리 준비해둔 가방 모양의 본을
   대고 펼친 그림을 그린 후 가위나 칼로 오려냅니다.
2. 다음과 같이 제시합니다.

> "자, 이 가방은 무엇이든 담을 수 있는 '꿈의 가방'입니다. 자신이 원하는 것은 무엇이든
> 잡지에서 찾아내어 이 가방 안에 담아주세요. 꿈의 가방은 시간과 공간을 초월하여 어
> 떤 것이든지 다 담을 수 있답니다."

치료사는 내담자에게 다양한 사진과 그림들이 있는 잡지를 제공해주고,
원하는 것을 오려 가방 안에 붙이도록 합니다.

3. 원하는 것을 다 담았으면 이제 가방의 펼친 그림을 선대로 접어서 가방의 형

태를 만들어줍니다.

4. 가방 모양이 다 만들어지고 나면 각자의 취향대로 각종 장식재료들을 이용하여 예쁘게 꾸며 완성합니다.

5. 이제 자신의 꿈의 가방을 모두에게 소개할 시간이지요. 집단원들은 서로의 꿈과 소망에 대해 공감해주고 지지해주면서 함께 행복한 시간을 나누도록 합니다.

sharing

1. 꿈의 가방을 만들면서 어떤 생각을 하였나요?

2. 자신의 꿈의 가방을 누구에게 가장 먼저 보여주고 싶은가요?

3. 가방 속에 든 것들 중 세 가지만을 남겨야 한다면 어떤 것을 남기고 싶은가요? 또 단 한 가지만 남겨야 한다면 무엇을 남기고 싶은가요?

4. 자신의 꿈 중 가장 먼저 이룰 수 있을 것 같은 꿈은 무엇인가요? 그 이유는?

5. 가장 이루기 어려울 것 같은 꿈은 무엇인가요? 그 이유는?

6. 꿈을 이루기 위해 자신에게 어떤 변화가 필요하다고 생각하나요?

▲ 꿈의 가방

이혼 가정의 자녀인 중학교 1학년 여학생이 만든 작품으로 여학생다운 다양한 욕구들과 함께 행복하고 단란한 가정에 대한 소망이 표현되었습니다.

7) 꿈 투사 그림

대상 : 중학생 이상의 모든 연령 집단

매체 : 4절지, 크레파스와 파스텔, 수채화물감 등 다양한 드로잉 재료

목표 : 무의식 탐색, 자기성찰, 자기이해

꿈은 '무의식이 나에게 보내는 편지'라고 합니다. 편지에는 전하고자 하는 메시지가 있고 우리는 그 메시지의 내용을 알아내야 할 필요가 있겠지요. 그래서 탈무드에서는 "해석하지 않은 꿈은 읽히지 않은 편지와 같다."고 하였답니다.

〈꿈 투사 그림〉은 제레미 테일러의 집단 꿈 투사 작업을 응용한 것으로, 자신이 꾸었던 꿈과 이에 대한 집단원들의 투사 작업을 통하여 무의식을 탐색하고 자신에 대한 이해를 높일 수 있도록 돕는 기법입니다. 꿈 투사 그림 작업을 하면서 꿈을 꾼 사람과 투사작업을 하는 집단원들 모두 자신의 다양한 내면을 탐색할 수 있게 되고 이러한 과정을 통해 자아성찰과 자아통합을 이루어갈 수 있게 될 것입니다.

활동과정

1. 먼저 집단원들 중 한 사람이 자신이 꾼 꿈의 내용을 소개합니다. 자신의 꿈을 소개할 때는 현재형으로 묘사하며, 가능하다면 색깔, 느낌, 냄새까지도 기억에 따라 구체적으로 묘사하는 것이 좋겠지요. 또 꿈에 나타난 단어 및 그 상징에 대하여 탐색해보고, 꿈속에서 보였던 자신의 태도에 대해서도 자세하게 설명합니다.

2. 다른 참가자들은 꿈 이야기를 듣고 나서 그 꿈을 꿀 때의 상황이나 개인정보 등 궁금한 것을 질문합니다.

3. 질문을 다 마친 후 모든 참가자들은 그 꿈에 대해 자신이 느낀 인상을 그림으로 그려 표현합니다. 물론 꿈을 꾼 사람도 자신의 꿈을 그림으로 표현해야

하겠죠. 그리고 난 후 제목도 정해보도록 합니다.

4. 집단원들은 각자 자신의 그림을 보이며 '그 꿈이 내 꿈이라면~' 하는 일인칭
의 형식으로 투사 작업을 합니다. 그 꿈을 자신의 꿈처럼 생각하고 그 꿈에
대한 자신의 느낌과 생각을 자유롭게 표현할 수 있습니다. 단, 이때 꿈 꾼 사
람을 쳐다보며 말하지 않아요. 왜냐하면 이것은 꿈 꾼 사람에게 말하는 것이
아니라 자기 자신에게 하는 해석이고 고백이기 때문입니다.

5. 꿈 꾼 사람은 다른 집단원들의 투사 작업 그림을 보고 이야기를 들으면서 정
서적, 인지적으로 자신의 마음에 와 닿거나 자신에 대한 통찰이 오는 부분에
대해 함께 이야기를 나눕니다. [이 과정에서 "아하!" 하는 느낌으로 깨닫게
되는 자기통찰 경험을 '아하 체험(Aha experience)'이라고 합니다.]

sharing

1. 그 꿈을 꾸고 난 느낌은 어떠했나요?

2. (다른 참가자들에게) 그 꿈이 내 꿈이라면 어떤 느낌과 생각이 드나요?

3. 그 꿈에서 나타난 꿈 단어나 상징 중 가장 마음에 와 닿는 것은?

4. 그 꿈을 통해 자신의 내면을 어떻게 이해하고 통찰할 수 있었나요?

5. 나의 삶에 적용시키고 싶은 내용은 무엇인가요?

6. 꿈 투사 그림 작업을 마친 후의 느낌은?

  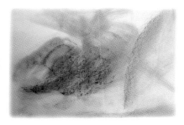

▲ 한 집단원의 '전쟁 꿈' 이야기를 듣고 그린 꿈 투사 그림

집단원들이 각각 〈총을 든 나〉, 〈폭발〉, 〈전쟁터〉, 〈피난 가는 길〉, 〈먼 전쟁터〉 라는 제목으로 자신의 느낌과 생각을 투사하여 표현하였습니다.

> **tip** 꿈 투사 그림 작업을 할 때 한 회기에 모든 집단원들의 꿈을 전부 다루기는 어렵습니다. 회기 시간에 따라 한두 사람의 꿈만을 깊이 있게 다루어주는 것이 모두에게 더 많은 도움이 된답니다.
>
> 꿈 꾼 본인만이 꿈의 진정한 의미가 무엇인지 알 수 있다는 것을 꼭 기억하세요!

8) 멋진 나, 괜찮은 나

대상 : 초등학생 이상의 개인 또는 집단
매체 : 4절지, 다양한 잡지, 가위, 풀, 드로잉 재료
목표 : 자신의 장점과 강점 찾기, 잠재력 개발, 긍정적 자아상

누구에게나 장점과 강점은 있게 마련이지요. 세상에는 단점이 없는 사람도 없고 장점이 없는 사람도 없답니다. 어떤 것에 초점을 맞추는지에 따라 우리의 삶이 달라질 수 있어요. 자신의 단점이나 부족한 점만을 보며 낙심하기보다는, 자신이 가지고 있는 장점과 강점을 찾아내어 더 개발하도록 노력하는 것이 우리가 긍정적이고 행복한 삶을 살 수 있는 비결이랍니다. 〈멋진 나, 괜찮은 나〉는 자신이 가진 장점과 강점들을 생각해보고 잡지 콜라주로 표현해보는 기법입니다. 이번 기회에 "나, 이런 사람이야!"하고 모두에게 자랑해보세요.

활동과정

1. 다양한 그림과 사진이 들어있는 잡지들을 충분히 준비하도록 합니다. 잡지 내용이 충분하지 못하면 원하는 내용을 찾아내기가 어렵거든요. 잡지에서 자신의 긍정적인 모습을 나타낼 수 있는 다양한 그림이나 사진들을 찾아 오려냅니다.

2. 오려낸 사진들을 4절지에 붙여 콜라주 작업을 합니다. 여기에 자신의 생각을 그림이나 글로 덧붙여 설명해주는 것도 좋겠지요. 나에 대한 멋진 광고 포스터를 만든다고 생각하면 됩니다.

3. 콜라주 작업을 다 마치고 나면 자신의 작품에 제목을 붙여보도록 합니다. 마치 광고 포스터에서 카피 문구가 중요한 것처럼 나를 긍정적인 한 마디로 표현해보는 것도 중요하거든요.

sharing

작품을 완성하고 나면, 이제 자신의 콜라주 작품을 보이며 자신의 멋진 모습, 괜찮은 모습들을 자신 있게 집단원들에게 소개해보도록 하고, 자신의 장점과 강점에 대하여 이야기해보도록 합니다. 자기 자랑을 하는 것 같아 쑥스러워하는 내담자도 많이 있을 거예요. 이때 치료사의 격려와 지지가 꼭 필요하겠지요. 집단상담일 경우에는 다른 집단원들의 공감과 격려가 큰 힘이 된답니다.

예시 작품

▲ **멋진 나, 괜찮은 나**
금주 프로그램에 참여하고 있는 알코올 중독 여성의 작품

9) 나의 명패 만들기

대상 : 초등학생 이상의 학생 또는 성인

매체 : 8절 색상지 또는 우드락 보드, 크레파스나 물감, 색연필 등 다양한 드로잉
　　　재료, 반짝이풀, 스팽글, 스티커, 접착제

목표 : 미래 설계하기, 자신감 향상, 긍정적 자아상

자신의 미래에 대하여 생각해보고 연대별로 써보게 하여, 구체적으로 자신의 미래를 설계해보는 시간을 가지도록 합니다. 미래에 자신이 가지게 될 직업을 생각하며 멋진 명패를 만들어봄으로써 자신의 미래에 대한 자신감과 긍정적 자아상을 가질 수 있도록 돕는 기법입니다.

활동과정

1. 자신의 미래를 생각해보고 연대별로 구체적인 계획을 세워보도록 합니다.
(이를테면 3년 후, 10년 후, 20년 후, 30년 후… 이런 식으로 말이지요.)

2. 원하는 색상지(또는 우드락 보드)를 4등분하여 명패의 모양과 같이 만들어
줍니다.

3. 4등분한 한 면에 자신의 이름과 미래의 직함을 쓰고, 다양한 장식 재료들을
사용하여 멋지고 개성 있는 자신만의 명패를 꾸며봅니다.

sharing

1. 나의 장래희망은 무엇인가요? 또 그 이유는?

2. 그 꿈을 이루려면 어떠한 재능과 적성이 있어야 할까요?

3. 그 꿈을 이루기 위해 어떤 준비 과정이 필요한가요?

4. 그 꿈을 위해 누구로부터 어떤 도움이 필요한가요?

5. 꿈을 이룬 미래의 내 모습을 상상해봅시다. 어떤 느낌이 드나요?

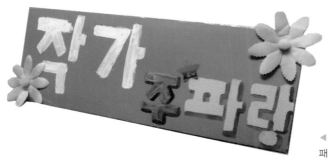

◀ 중학교 1학년 여학생이 만든 명패 작품들

 미래의 꿈을 담은 〈타임캡슐〉이나 자신의 〈명함 만들기〉 작업을 해보는 것도 좋은 활동이 될 수 있습니다.

10) 나의 버킷 리스트

대상 : 중학생 이상의 모든 연령층

매체 : 4절지, 크레파스 또는 색연필 등 드로잉 재료

목표 : 내면의 욕구와 소망 탐색, 삶의 목표 및 의욕 고취

우리는 모두 시한부 인생을 살아가고 있습니다. 우리에게 남아있는 날들이 길거나 짧다는 차이는 있겠지만 이 세상에서 영원히 살 수 있는 사람은 아무도 없지요. 〈나의 버킷 리스트〉는 자신이 앞으로 살아가면서 꼭 해보고 싶은 일들을 생각해보고 목록을 작성해보게 함으로써 자신의 욕구와 소망을 살펴보고, 자신의 삶에 대한 목표와 의지를 구체적으로 가질 수 있게 해주는 기법입니다. 이 활동을 통해 내담자들은 자신이 살아가면서 해야 할 일들의 우선순위를 깨닫고 더욱 더 삶의 의욕을 높일 수 있게 될 것입니다.

활동과정

1. 먼저 내담자에게 죽음에 대하여 생각해볼 수 있는 시간을 갖게 합니다. 내담자의 나이가 어린 경우에는 다소 무리가 될 수도 있으므로 치료사가 상황에 따라 적절히 조절해주는 것이 좋습니다.

2. 다음과 같이 제시합니다.

> "죽음에 대하여 생각해본 적이 있나요? 우리가 앞으로 얼마나 많은 날들을 살게 될지는 아무도 모릅니다. 하지만 분명한 것은 이 세상에서 영원히 살 수 있는 사람은 아무도 없다는 것입니다. 자, 그럼 이제부터 내가 죽음을 앞둔 시한부 인생을 살고 있다고 생각해볼 거예요. 나에게 남은 시간은 6개월뿐입니다. 남은 6개월 동안 무엇을 하고 싶은가요? 가장 하고 싶은 일, 또 꼭 해야만 할 일들을 생각해보시기 바랍니다."

3. 위와 같이 말을 하면 내담자들은 진지한 태도를 보이며 생각에 잠기게 됩니다. 충분히 생각할 시간을 주고 나서 4절지에 9분할법으로 표현해보게 합니다.

4. 작업을 모두 마친 후에는 자신의 버킷 리스트에 대하여 이야기해보게 하고, 그 일을 하고 싶은 이유와 해야 하는 이유를 설명해보도록 합니다. 이 시간에 많은 내담자들은 자신의 버킷 리스트를 소개하면서 행복한 미소를 보이기도 하고, 눈물을 흘리며 마음 아파하기도 한답니다.

sharing

1. 만약 자신이 시한부 선고를 받게 된다면 어떤 마음이 들 것 같은가요?
2. 시한부 삶을 살게 되었다는 것을 가장 먼저 누구에게 알리고 싶은가요?
3. 자신이 작성한 버킷 리스트 중 가장 먼저 하고 싶은 일은 무엇인가요? 그 이유는?
4. 누구와 함께 그 일을 하고 싶은가요?
5. 하지 못하게 될 경우 가장 후회가 될 것 같은 일은 무엇인가요?
6. 내 삶을 돌아볼 때 가장 보람 있는 일이었다고 생각되는 것은 무엇인가요?
7. 삶을 마치게 될 때 누구에게 어떤 말을 하고 싶은가요?
8. 나의 묘비명에 쓰고 싶은 말은?

◀ 버킷 리스트
금주 프로그램에 참여하고 있는 알코
올 중독 남성의 작품

◀ 버킷 리스트
성인 여성의 작품

tip 남은 삶의 기간은 내담자의 상황에 따라 더 길게, 혹은 짧게 조절할 수 있습
니다.
〈나의 버킷 리스트〉 작업을 한 후에 〈나의 묘비명 만들기〉 작업을 해보는 것도 좋은 활
동이 될 수 있습니다.

3. 하늘바람의 기법노트

1) 9분할 자기소개

대상 : 모든 연령, 개별 또는 집단
매체 : 도화지, 그리기 재료(크레파스, 색연필, 사인펜 등)
목표 : 자기표현 및 타인조망, 집단 형성

미술치료 초기, 관계형성을 위해서는 서로에 대해 알고 공통점이나 이야깃거리를 발견하는 과정이 무척 중요하다고 생각합니다. 여러 가지 관심사에 대한 탐색도 필요하고요.

저는 주로 청소년 집단을 많이 만나왔는데 징계 등의 이유로 학교나 관련기관에서 강제로 구성한 비자발적인 집단이 많았습니다. 그리고 남학생으로만 구성되어 있는 집단도 많았습니다. 저는 작고 왜소하고 나이도 비교적 젊은 여자 치료사임에도 말이지요. 비자발적인 청소년 내담자들은 그리기를 무척 싫어하고 자유 드로잉을 하라고 하면 참여를 잘 하지 않습니다. 생각하기도 싫다는 듯 1~2분만에 대충 그리고 엎드려 있기 일수지요.

이들의 참여를 이끌어내기 위해서 초기에 확실하고 구조화된 주제를 제시하는 것이 좋겠다는 생각이 들었습니다. 그래서 9분할법을 활용하여 아홉 가지의 주제를 제시하고 각 칸에 해당되는 내용을 기록하도록 하였습니다. 제시문의 순서는 다음과 같습니다.

활동과정

1. 도화지를 한 사람당 1장씩 나누어주고 다음과 같이 제시합니다.

> "오늘은 우리가 처음 만나 서로에 대해 알아가는 시간입니다. 지금부터 그림을 통해 나의 모습을 표현해보도록 하겠습니다. 지금 받은 종이를 9칸으로 만들어주세요."

위와 같이 간략하고 빠르게 도입합니다. 자기소개에 대한 부담은 어른이나 아이들이나 마찬가지여서 활동을 시작하기도 전에 싫다는 반응을 보이는 경우도 많았습니다.

2. 받은 도화지를 접거나 선으로 9칸을 만들도록 합니다. 그런데 이 9칸을 만드는 과정이 쉽지 않습니다. 이때 이를 적절히 이해하고 수행하는지를 살펴봅니다. 9칸을 만드는 데 실패했다면 이 실패에 대한 내담자의 태도를 살펴봅니다. 치료사에게 도움을 요청하거나, 친구에게 부탁을 하거나, 몇 차례 시도하다가 종이를 찢어버리기도 합니다. 이와 같은 태도는 때때로 좌절에 대한 반응을 나타냅니다.

3. 치료사가 먼저 9칸을 만들어 보여주고 각 칸에 숫자를 기록합니다. 이는 각 칸의 고유번호를 통해 보다 일사분란하게 진행하기 위함입니다.

> "지금부터 각 칸의 윗부분에 작게 1부터 9까지의 숫자를 기록해주세요."

4. 준비가 다 되었으면 이제 본 작업을 시작합니다.

> "지금부터 칸에 맞는 주제를 그림이나 글씨로 함께 채워가도록 하겠습니다. 가장 먼저 1번부터 시작할까요? 1번에는 좋아하는 음식을 그림으로 그려주세요. 한 가지를 그려도 되고 여러 가지를 그려도 됩니다. 무엇이든 마음대로 그리면 됩니다."
> "자, 1번을 거의 다 했으니까 다음 번호로 넘어가 보도록 할게요. 다 못한 경우에는 천천히 해도 됩니다. 이번에는 5번을 해보도록 할까요? 5번에는 나의 취미생활을 그림으로 나타내봅시다."

위의 예시문과 같이 한 칸씩 주제를 정하여 줍니다. 주제의 종류는 아래의 예시를 참고하시고 그 외에 어떤 것도 주제로 가능합니다. 어떤 칸은 글로 쓰는 것을 허용합니다. 내담자들의 속도를 보며 한 칸 한 칸을 순서대로 진행해야 합니다.

1	2	3
내가 좋아하는 음식 (그리기)	나의 장래 희망 Best3 (글로 쓰기)	나를 닮은 동물 (그리기)
4	5	6
내가 좋아하는 색깔 (칠하기)	나의 취미 생활 (그리기)	나의 소원 세 가지 (글로 쓰기)
7	8	9
내가 아끼는 물건 (그리기)	내가 좋아하는 장소 (그리기)	내가 좋아하는 사람들 (이니셜 쓰기)

tip 번호 순서대로 진행하지 않아도 됩니다. 꼭 위의 예시문에 있는 주제로 진행하지 않아도 되고요. 내담자들이 직접 주제를 정하게 하거나 치료사와 번갈아서 주제를 정하는 방법도 있어요. 자신의 관심 분야가 명확한 경우에는 "좋아하는 음악이요." 혹은 "가고 싶은 여행지요."라며 작업하고 싶은 주제를 제시하기도 합니다.

tip 쉽고 편안한 주제부터 시작하는 것이 좋습니다. 분위기가 형성되기도 전에 '장래희망'이나 '나의 장점' 같은 생각을 요하는 주제는 방어적으로 되기 쉽습니다. 제가 가장 먼저 사용하는 주제는 '좋아하는 음식'인데 이는 편안하고 재미있게 이야기할 수 있는 주제이며 그림 표현 또한 쉽기 때문입니다.

5. 내담자들이 9번까지 모두 완성한 뒤에는 시간이 허락하면 sharing을 합니다. 이 9분할법은 그리기에만 대략 30~60분 정도 소요되기 때문에 집단인 경우 시간이 부족한 경우가 종종 발생합니다. 시간이 촉박하면 sharing을 하지 않고 바로 다음의 퀴즈를 시작해도 좋습니다.

6. 퀴즈를 진행하기 위해 모든 작품을 다 걷어서 치료사만 볼 수 있게 놓습니다. 이제 치료사가 작품에 대한 힌트를 주면 내담자들이 어떤 사람에 관한

것인지 추론하여 이야기 하도록 합니다. 이 과정에서 다른 사람에 대해 알게
되고 공통점을 발견하기도 하며 타인에 대해 다시 한 번 살펴보게 됩니다.

> "자, 지금부터 힌트를 줄 테니 이 사람이 누구인지 맞추어보자.
> 이 사람은 아이돌 그룹 2pm을 좋아하고 나중에 파티쉐가 되고 싶어 해. 누구일까?"
> "우리 집단에서 음악 감상이 취미인 사람은 누구누구일까?"
> "○○○가 좋아하는 음식은 무엇일까?"

7. 퀴즈가 끝나면 작품을 노출하지 않은 상태로 서로에 대해 기억나는 것들을
   이야기해보도록 합니다.

> "우리는 지금까지 서로에 대해 알아보았습니다. 지금부터 한 사람씩 지목할 테니 기억
> 나는 것을 모두 이야기해주세요. 자, 맨 앞에 앉아있는 ○○○에 대해 기억나는 것은 무
> 엇일까요?"

그러면 내담자들이 "음악 감상이요. 닭고기를 좋아한대요. 장래희망이 없
대요. 학교가 싫대요." 등등 다른 내담자가 소개했던 내용들을 이야기합니
다. 자신의 관심사를 다른 사람들이 알아주고 기억해주는 것은 정말 기분 좋
은 경험이고 집단의 분위기를 형성하는 데 도움이 됩니다.

sharing

1. 나는 어떤 사람인가요?
2. 우리들의 공통점은 무엇일까요?
3. 우리 집단원에 대해 새로 알게된 사실은 무엇인가요?

예시 작품

◀ (15세, 여, 비행 등으로 내방)
내담자의 그림을 살펴보면 좋아하는 음식에 피자, 통닭, 담배, 소주를 그려놓아서 아이가 가진 품행문제를 살펴볼 수 있게 해줍니다. 전반적으로 그림을 가득 차게 그렸고 모든 칸에 그림을 다 그렸습니다. 자기표현욕구가 있고 에너지 수준 또한 높음을 알 수 있습니다.

> **tip** 다른 사람에게 인정받고 사랑받고 싶은 욕구는 누구에게나 있습니다. 타인이 나를 알아주는 것에 기쁨을 느끼는 것도 마찬가지입니다. 비자발적인 청소년 내담자들도 그렇습니다. 처음에는 경계하지만 자신에 대해서 표현하는 것 자체를 즐거워하고 집중합니다. 그리고 다른 친구들과 치료사가 알아주는 것에 대해 만족감을 느끼고 자신을 조금 더 개방하게 되지요. 저는 그래서 이 기법을 무척 좋아합니다.

> **tip** 에너지 수준에 따라 모든 칸을 채울 수 있는 아이들이 있는 반면, 절반도 채우지 못하는 경우도 있습니다. 대상의 특성과 주어진 시간에 따라 6분할, 4분할 등으로 난이도를 조절하며 진행할 수 있습니다. 초등학교 저학년 친구들은 6분할 정도가 적절하고 중 · 고등학생 이상은 9분할도 가능하답니다.

2) 표정일기

대상 : 모든 연령(주로 개별 치료 장면에서 진행)

매체 : 스프링 노트, 표정 스티커, 그리기 재료(사인펜, 색연필 등)

목표 : 자기감정 탐색, 감정의 표현과 분화, 비합리적 사고 찾기

내담자와 일상생활에 대한 이야기를 하다가 보면 종종 핵심감정과 관련된 이야기를 듣게 되는데 반복적으로 호소하는 감정이나 상황을 발견하게 됩니다. 이를 좀 더 편하게 기록하고 표현할 수 있도록 돕기 위한 방법을 찾던 중 〈표정일기〉라는 것을 생각하게 되었습니다.

저는 치료 시작 전 매 회기 5분 동안은 표정일기에 시간을 보냅니다. 회기 시간 내내 표정일기만 할 정도로 집중하는 친구들도 있고, 자신의 생활이 노출되는 것 같아 처음에는 방어적으로 되는 친구들도 있습니다. 그렇지만 반복적으로 하다 보면 좀 더 다양한 표정, 다양한 표현들이 나타나기 시작합니다. 어떤 표정을 이야기할까 생각해오는 경우도 있습니다.

활동과정

1. 스프링 노트 한 면에 날짜를 기록한 뒤 표정 스티커를 붙이고 감정과 상황을 기록하게 하면 됩니다.

> "선생님을 일주일 만에 만나는데, 이번 한 주 동안 생활하면서 느꼈던 다섯 가지 표정을 찾아서 붙여보고 어떤 일이었는지 써보자."

고학년인 경우, 감정에 이름을 붙일 수도 있습니다.

> "이런 감정을 무엇이라고 할까?"

2. 이어서 기록한 다섯 가지 표정과 내용에 대해 이야기를 나눕니다. 간단하게 나누어도 좋고 중요한 이야기는 좀 더 깊이 다루어도 좋습니다. 이야기를 나

누다가 그림 작업과 연결해도 좋습니다.

자신이 느낀 감정에 이름을 붙이고 감정과 상황을 생각하여 이에 대한 여러 감정을 탐색하는 것은 내담자의 감정을 분화시켜 주고 성장시켜 주는 데 확실한 의미가 있는 것 같습니다.

sharing

1. 내가 자주 느끼는 감정들에는 어떤 것들이 있나요?
2. 이런 감정을 느낄 때 나는 어떠한 생각들을 했었나요? 내 생각과 감정은 어떻게 관련되어 있을까요?
3. 내가 느끼고 싶은 감정, 느끼고 싶지 않은 감정에는 어떤 것들이 있나요?

예시 작품

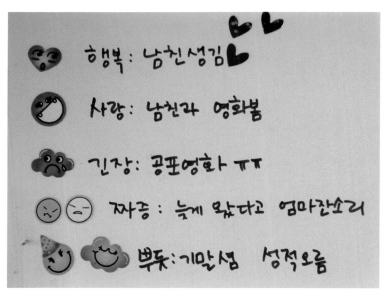

▲ (중2, 여)
• 스티커를 이용해 표정을 붙이고 자신이 있었던 일을 기록하였습니다. 그리고 그 감정의 이름을 '설렘', '행복' 등이라고 적어 놓았습니다.
• 이를 통해 아이가 자신의 있었던 생활사건과 감정들을 탐색하게 되고 반성적으로 다시 한 번 돌아거나 대안들을 찾아볼 수 있습니다.

▲ (초6, 남)

• 아이가 화가 나서 씩씩거리며 치료실에 올라왔습니다. 감정을 표현해보라고 했더니 〈화난 승기 (가명) 괴물〉이라고 하였습니다. 자신을 화나게 했던 사람들에게 각종 무기들로 복수하는 장면 을 그린 것입니다.

• 치료사가 "이 괴물은 언제 나타나니?"라고 물었을 때 아이는 "에이, 선생님, 이런 괴물은 없어 요. 이건 가상의 괴물이잖아요."라고 말하며 편안한 표정을 지어 보였습니다.

 초등 저학년이나 장애아동의 경우는 보다 쉽게 표정을 그리면서 작업할 수도 있습니다. 표정을 그리는 것 자체가 감정에 대한 이해를 높여줍니다.

3) 색의 주인 놀이

대상 : 초등학교 저학년, 집단

매체 : 아이클레이 또는 폼클레이, 클레이 작업 도구

목표 : 집단 내 상호작용 증가, 사회 기술 훈련

ADHD 아동들 집단을 진행하면서 가장 어려웠던 부분은 내담자들의 잦은 다툼이었습니다. 개별 작업을 할 때보다 공동 작업을 할 때 유난히 다툼이 심했고 특히 저학년들은 더더욱 어려움을 보였습니다. 집단을 통해 적절하게 주장하고 양보도 하며 의견을 조율하고 협상도 하는 사회적 과정을 경험하게 해주고 싶었지만 할 때마다 쉽지 않았습니다. 그래서 고민 끝에 아이디어를 내게 되었습니다.

활동과정

1. 치료사가 여러 가지 색의 클레이를 준비하고 다음과 같이 제시합니다.

> "자, 오늘은 클레이로 만들기 활동을 할 거야. 선생님이 클레이를 나누어주기 전에 먼저 색깔의 주인을 정할 거야. 주인이 되면 그 색깔은 자신이 마음대로 사용할 수 있어. 자, 지금부터 빨간색의 주인이 되고 싶은 사람 손을 들어보자."

2. 이렇게 '하나의 색깔=한 사람의 주인'을 정하게 됩니다. 한 색깔에 여러 명의 아이들이 몰리면 가위바위보 등의 방법으로 한 사람만 주인을 정해야 합니다. 이 과정에서 먼저 스스로 양보하는 아이들도 나타나기 시작합니다.

3. 모든 색의 주인이 결정되면 다음과 같이 설명합니다.

> "이제부터는 너희들이 자유롭게 만들기를 시작할 수 있어. 다른 색깔이 필요하면 그 색의 주인에게 빌려달라고 부탁할 수 있어."

그러면 치료사는 내담자들의 다양한 행동을 관찰할 수 있습니다.

- 끝까지 아무에게도 부탁하지 않고 자신의 색으로만 만들기를 하는 아이
- 부탁하는 것을 주저하거나 두려워하여 치료사에게 대신 부탁해달라고 요청하는 아이
- 다른 친구들의 부탁을 계속하여 거절하는 아이
- 협상을 통해 자신의 색과 다른 친구의 색을 교환하는 아이
- 주인의 허락을 구하지 않고 색을 빼앗거나 몰래 사용하는 아이

시간이 지날수록 자연스럽게 상호작용이 발생하고 서로의 색을 교환하여 완성도를 높이고자 노력하게 됩니다. 친구들 간에 교환하는 행동 자체가 즐겁고 신나는 과정이 되기도 합니다. 처음에는 자신이 없어서 주저하던 아이들도 다른 친구의 모습을 모델링하여 용기를 내어 이야기를 하기 시작합니다. 자신의 의견을 표현하고 빌려줄지에 대해서 의사를 결정하는 과정을 경험하게 되며 타인의 의견을 수용하는 과정 또한 경험하게 됩니다.

이 경험은 이후의 치료과정에도 영향을 주어 아이들에게 상대방과의 관계에서 이야기하고 부탁해야 한다는 인식이 생기게 합니다.

sharing

1. 내가 만든 것은 무엇인가요? 이것을 만든 이유는 무엇일까요?
2. 친구들과 서로 색을 바꾸어 써보면서 어떤 느낌이 들었나요?
3. 다음에 또 이렇게 〈색 주인놀이〉를 하게 된다면 나는 어떻게 행동하고 싶은가요?

▲ (8세, 남, 또래관계에 어려움 호소)

아이가 만들고 싶었던 것은 좀비라고 합니다. 여러 색깔이 필요했던 아이는 다른 친구들이 색을 빌리는 모습을 보고 용기를 얻어 자신도 적극적으로 요청하는 모습을 보이며 작품을 완성하였습니다. 작업 중반부터는 결과물보다는 상호작용에 더 몰입하는 모습을 보이기도 했답니다.

tip 초반 치료사의 중요한 역할은 1명이 1개의 색을 가질 수 있도록 배분하는 데 있습니다. 이를 위해서는 클레이의 수와 양이 적절해야 합니다. 집단원은 9명인데 클레이의 색이 8개뿐이라면 특정한 색의 주인이 되지 못해 소외되는 아이가 생길 수도 있기 때문입니다. 치료사는 공평하게 진행될 수 있도록 사전에 준비하고 계획할 필요가 있습니다.

4) 다양한 빙고게임

대상 : 초등학교 저학년 이상, 개별 또는 집단
매체 : A4 색지, 그리기 재료(사인펜, 색연필 등)
목표 : 자기탐색 및 회상, 일상의 비합리적 사고 찾기

저는 종종 품행문제가 있는 집단의 미술치료를 진행합니다. 단기 회기에 15~20명이나 되는 대집단을 만나기도 합니다. 때때로 구성원들은 방어적이고 그림을 그리는 것에 대해 불편감을 호소합니다. 많은 아이들을 모두 참여하게 하면서 재미와 즐거움을 줄 수 있는 것은 무엇일지 고민 끝에 제가 학창시절 즐기던 빙고게임을 해보게 되었습니다. 무기력하고 반항적이던 아이들에게 참여 동기가 생기고 즐겁게 참여하는 모습을 보면서 다양한 방법으로 시도해보기도 했습니다.

　빙고게임은 미술치료적인 기법으로 보기 어려울 수도 있습니다. 게임에 대해서 다소 부정적인 견해를 갖고 있는 치료사분들도 계십니다. 저도 또한 게임만으로 치료를 진행하는 것에 대해서는 회의적입니다만, 이 빙고게임은 아이들의 흥미와 동기를 이끌어내는 보조적인 기법으로는 무척 좋은 활동입니다. 빙고게임 이후에 아이들과 대화를 할 수 있는 기회가 생기고 아이들의 새로운 면을 알 수도 있습니다.

　여러 가지 주제로 진행할 수 있습니다. 제가 가장 많이 사용하는 빙고게임은 감정빙고와 직업빙고입니다. 감정빙고의 경우 생소하고 어렵게 느껴지실 것입니다. 아이들 또한 처음에는 무척 어렵게 생각하고 할 것이 없다고 하지만 점차 시간이 지날수록 여러 가지 단어들을 기억해냅니다. 제시 순서는 다음과 같습니다.

활동과정
　1. 다음과 같이 제시합니다.

> "지금부터 빙고게임을 하겠습니다. 종이를 반으로 접고 한쪽 면에다가 빙고 칸을 그려
> 주세요. 가로 5칸, 세로 5칸, 총 25칸입니다."

2. 주제를 정해주고 설명합니다.

> "빙고의 주제를 설명해 드리겠습니다. 오늘의 주제는 '감정'입니다. 감정과 관련된 단어
> 는 무엇이 있을까요? 그렇죠. 기쁨, 슬픔, 화남 등등 여러분의 기분을 나타내는 단어들
> 이지요? 한 번 찾아서 기록해보도록 할게요."

3 게임의 규칙을 정합니다.

> "뜻이 비슷하지만 다른 단어인 경우가 있습니다. 예를 들어, '화남'의 경우 비슷한 말이
> 무엇이 있을까요? 그렇죠. '분노', '열받음' 등이 있습니다.
> 이런 단어들을 모두 다른 칸에 기록할 수 있습니다. 여러분들이 평소 사용하는 비속어
> 나 인터넷의 용어를 사용해도 좋습니다만, 욕설은 사용할 수 없습니다."

4. 진행하다 보면 아이들이 질문을 많이 합니다. 특히 행동과 욕구 등을 구별하
지 못하는 경우가 많습니다. "우정은 감정인가요?", "피곤함은요?", "차가
움은요?", "미지근함은요?" 등의 질문이 쏟아집니다. 이때 명확하게 구분하
여 제시해주시면 됩니다. 그리고 모호한 단어들은 인정해주고 '따뜻하다',
'차갑다'처럼 감정단어는 아니지만 감정단어로 쓰이는 경우는 설명해주시
면 됩니다.

   '성욕'이나 '오르가즘'은 감정이 아니라고 확실하게 설명해주시면 됩니다.
짓궂은 남자 아이들로부터 이런 장난스러운 질문을 많이 들었지만, 치료사
가 낯빛 하나 변하지 않고 "그건 감정이 아니라 욕구야. 배고프고 졸린 것은
감정이 아니잖니.^^"라고 설명해주니 아이들이 이해하고 집중하기 시작했습
니다.

5. 아이들이 단어를 더 이상 생각해내기 어려워할 경우 몇 가지 상황을 들어 힌
트를 주면 됩니다. 상황힌트를 줄 때는 아이들의 이름을 넣어서 진행을 하면

집중력이 높아집니다.

> "토요일 날 승기가 여자 친구와 번화가에 놀러 나갔어. 쇼핑을 하다가 사람들이 많은 광장에서 그만 크게 넘어진거야. 이럴 때 어떤 감정을 느낄까?" (예 : 창피, 민망, 부끄러움, 굴욕 등)

> "영화를 생각해보렴. 너희들이 보면서 너무 끔찍해 눈을 가리게 되는 영화가 있고 마음을 두근두근하게 만드는 아슬아슬한 영화도 있지 않니? 또 막 눈물을 흘리게 되는 영화가 있고 보고 나면 마음이 훈훈해지는 영화도 있지? 이런 것들을 무슨 감정이라고 할 수 있을까?" (예 : 공포, 무서움, 두려움, 행복, 슬픔, 긴장, 스릴, 감동, 감격, 아찔함 등)

> "택연이가 어제 분명히 숙제를 했는데 학교에서 가방을 열어보니 숙제가 없어진 거야. 이럴 때는 어떤 감정이 느껴질까?" (예 : 황당, 당황, 짜증 등)

> "재범이는 지금 여자 친구가 있지? 연애할 때 느끼는 감정에는 무엇이 있을까? 아이스크림 중에 이 단어로 된 제품이 있는데, 한 번 생각해보렴." (예 : 사랑, 기쁨, 설레임, 재미, 즐거움 등)

> "수지가 옆에 있는 재인이의 발을 밟았어. 수지에게 재인이가 괜찮다고 하며 대수롭지 않게 넘어가 주었어. 이럴 때 두 사람은 각각 어떤 감정을 느낄까?" (예 : 미안, 고마움, 감사함 등)

> "오토바이를 탈 때 어떤 감정을 느끼니? 또는 어려운 일을 마무리하고 다 끝냈을 때, 힘든 알바 끝에 월급을 타거나 자격증 시험에 합격했을 때 어떨까?" (예 : 짜릿함, 희열, 흥분, 열정, 만족, 성취감, 뿌듯함 등)

6. 모든 아이들이 마무리한 뒤 게임을 시작해야 하기 때문에 다 완료하지 못한 경우 주변에서 도와서 마무리할 수 있도록 격려합니다.

7. 본 게임에 들어가면 5줄 빙고가 완료되는 사람은 손을 들도록 규칙을 정해 줍니다. 그리고 뜻이 비슷하더라도 단어가 다르면 표시해서는 안 된다고 설

명해줍니다. 예를 들어, '화남'과 '열받음'은 비슷한 단어이지만, '화남'을 불렀을 때 '열받음'을 삭제하면 안 된다는 뜻입니다. '화남'이나 '화나다'처럼 완전히 같은 단어일 때만 삭제하거나 체크할 수 있습니다.

8. 아이들이 단어를 부르면 치료사는 이를 칠판에 써서 중복된 단어가 나오지 않도록 살펴봅니다. 중간중간 몇 줄이나 마무리되었는지 공개적으로 물어보고 체크하면서 긴장감을 유지합니다. 그리고 5줄 빙고를 완료한 친구들이 나오면 이를 기록해주고 5~10명 정도가 나타나면 마무리합니다.

9. 게임의 우승자가 나타나면 작은 선물을 주는 것도 좋은 방법입니다. 저는 껌이나 초콜릿바 등 과하지 않은 상품을 제공합니다.

10. 종이의 빈 곳에 최근에 느꼈던 자신의 감정을 기록하도록 하고 그 감정을 느낀 상황에 대해서 다시 한 번 기록하며 생각해보게 합니다. 그리고 이를 발표하고 조원들과 이야기를 나눕니다. 치료사는 아이들이 처했던 상황과 감정에 대해 이야기하고 공감받을 수 있도록 돕습니다.

sharing

1. 감정 빙고게임을 하면서 인상 깊었던 감정 단어들이 있나요? 어떤 것들인가요?

2. 최근에 내가 느낀 감정은 어떤 것들이고, 그때 나는 어떤 생각이 들었나요?

3. 내가 느끼고 싶은 감정과 느끼기 싫은 감정은 무엇인가요? 나는 어떤 때 그런 감정들을 느끼나요?

4. 지금 빙고게임을 하면서 느낀 감정들은 무엇인가요? 이와 같은 경쟁 상황에서 주로 어떤 감정을 느끼나요?

빙고 칸을 그리도록 합니다.

　의외로 빙고칸을 잘 그리지 못하는 친구들이 있어요. 전체적으로 살펴보고 도와야 합니다. 게임을 시작하고 난 뒤 칸이 잘못된 것을 발견하면 돌이킬 수 없거든요.

옆에는 자신이 최근 느꼈던 감정 Best 5를 기록하고 어떤 상황에서 그런 감정이 들었는지 쓰도록 합니다.

　아이들이 간단하게 기록하더라도 이를 격려합니다. 자신의 생활에 대해 노출하고 표현한 노력을 격려해줍니다.

1. 짜증 – 엄마가 잔소리해서
2. 화남 – 엄마가 용돈을 안 줘서
3. 신남 – 친구들이 생일파티해줘서
4. 행복 – 남친이 생겨서
5. 지루함 – 수업이 재미없어서

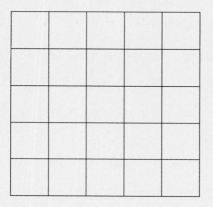

tip '듣기 싫은 말' 빙고게임도 무척 재미있는 활동입니다. 듣기 싫은 말을 나에게 하는 대상은 주로 누구인지에 대해서 고찰해보도록 하면 의미 있는 대상에 대한 이야기를 나눌 수 있습니다. 또한 내가 듣고 싶은 말은 무엇인지에 대해서도 이야기를 나눌 수 있답니다. 청소년들과 공감대 형성이 잘 될 수 있습니다.

tip 아이들이 직접 생각해낸 빙고게임의 주제 중에는 '가고 싶은 곳', '받았던 선물' 등이 있었는데, 이러한 주제들도 의미 있는 대화를 나누는 데 큰 도움이 되었습니다.

tip 여러 가지 감정들

Good	기쁨, 즐거움, 재미, 신남, 짜릿, 희열, 정열, 열정, 흥분, 성취감, 뿌듯함, 사랑, 행복, 설레임, 유쾌, 상쾌, 통쾌, 고마움, 감사함, 기대감, 만족감, 따뜻함, 감동, 감탄, 감격 등
Bad & Soso	화남, 분노, 노여움, 짜증, 두려움, 무서움, 공포, 혐오, 증오, 미움, 절망, 초조함, 불안, 슬픔, 우울, 지루함, 답답함, 좌절감(OTL), 부끄러움, 창피함, 민망함, 쪽팔림, 당황, 황당, 헐, 미안함, 죄송함, 속상함, 서운함, 냉정, 미안함, 아찔함, 초조함 등
etc	가슴이 먹먹하다, 억장이 무너지다, 마음이 시리다 등

5) 숨은 그림 찾기

대상 : 초등학교 저학년 이상, 개별 또는 집단

매체 : 내담자에 따라 다양한 크기의 도화지, 그리기 재료(사인펜, 색연필 등)

목표 : 상호작용 향상, 집단 내 친밀감과 응집력 향상

저는 어려서부터 〈숨은 그림 찾기〉라는 게임을 무척 좋아했습니다. 어렸을 때 '칸초'라는 과자를 사면 박스 안에 있는 숨은 그림을 찾느라 정신이 없었습니다. 어렸을 때 '월리를 찾아라' 라는 책이 널리 유행하기도 했습니다.

어느 날, 우연히 이 〈숨은 그림 찾기〉를 집단에 활용해보기로 마음을 먹었습니다. 그리고 제가 예상했던 대로 엄청난 집중력과 응집력을 보여주며 즐겁게 집단 활동이 마무리되는 모습을 보았습니다. 그림을 그리고 응집력을 경험하기 때문에 경쟁이 과열되지 않는 모습도 볼 수 있었습니다.

활동과정

1. 먼저 집단을 2조로 나누고 조별로 공동 작업을 하도록 합니다. 개별 치료인 경우에는 치료사와 내담자가 각각 그림을 그립니다.

> "지금부터 숨은 그림 찾기를 하겠습니다. 숨은 그림 찾기가 어떠한 활동인지 아시지요? 먼저 지금 드리는 종이에 밑그림을 그립니다. 밑그림을 그린 뒤 조별로 10개의 사물을 숨기고 목록을 별도의 종이에 작성해주세요. 마지막에 조별로 그림을 바꾸어 찾아보도록 하겠습니다."

종종 틀린 그림 찾기와 혼동하여 작업을 하는 경우가 있으므로 조원들이 〈숨은 그림 찾기〉를 정말로 이해했는지 살펴봅니다.

2. 먼저 밑그림을 그리도록 합니다. 그림을 2/3 이상 완성한 뒤부터 숨기면서 그림을 마무리할 수 있도록 합니다. 두 집단의 작업과정을 모두 지켜보고 너무 쉽거나 너무 어렵지 않게 조정합니다.

3. 완성한 뒤에는 두 집단의 그림을 모두 걷어 한꺼번에 나누어주고 찾아보도록 합니다. 이때 숨은 그림 목록도 함께 줍니다.

4. 각 집단에서 다 찾은 뒤 그림을 함께 보며 맞게 찾았는지 살펴봅니다. 종종 다른 것을 표시하는 경우가 있으므로 그린 조와 맞춘 조가 함께 살펴보도록 합니다.

5. sharing을 하며 작업을 마치면 됩니다. 작업과정에서 느낀 점들을 이야기 나눕니다.

sharing

1. 집단원들과 함께 그림을 그리는 과정이 어땠나요? 어떤 기분이었나요?

2. 평소 집단 작업과 개인 작업 중 어떤 것이 더 편한가요? 그 이유는 무엇인가요?

3. 우리 집단의 작품을 보면 어떤 생각이 드나요? 제목을 짓는다면 무엇이라고 하고 싶은가요?

▲ 숨은 그림을 한 번 찾아볼까요? 이 그림 속에는 감자, 자, 삼각자, 연필, 눈사람, 뱀이 숨어있습니다.

6) 소망 약국

대상 : 초등학교 저학년 이상, 개별 또는 집단

매체 : 약 봉투, 약포지, 네임펜, 스티커, 고데기, 작은 간식류(꿈틀이 젤리, 초콜릿, 캐러멜 등)

목표 : 개인의 욕구 탐색 및 표현

우연히 인터넷을 구경하다가 군대 간 남자친구를 위해 준비한 여자친구의 선물 사진을 보게 되었습니다. 다양한 종류의 선물들 중에서 약 봉투가 유독 눈에 들어왔습니다. 아이들과 한번 해보고 싶다는 생각을 하게 되었고 인터넷상에서 무지로 되어 있는 약봉투를 구하게 되었습니다.

활동과정

1. 약봉투를 나누어주고 '약'에 대해서 이야기를 나눕니다. 아이들 중에서 종종 약을 복용하는 아이들도 있습니다. 소망 약국 활동을 통해서 약에 대한 아이들의 생각을 표현할 수 있도록 돕고 약에 대한 생각이 보다 편안해지는 경우도 있습니다.

2. 아이들은 신나게 어떤 약을 만들지 고민합니다. 아이들도 이 약이 진짜가 아니라는 것을 알고 있습니다. 그래서 더더욱 편안하고 부담 없이 자신을 표현합니다.

   "지금부터 약을 만들 거야. 너에게 필요하고 있었으면 하는 약을 만들어보렴."

3. 준비해놓은 작은 간식들을 약포지에 넣습니다. "우울할 때 먹는 약은 우울해지지 말라고 노란색으로 만들었어요."라고 말하는 등 아이들 나름대로 처방의 이유가 있습니다. 때론 이 과정이 무척이나 창조적이기도 합니다.

4. 여러 가지 약을 만든 뒤 약포지를 봉해야 할 때는 고데기나 다리미를 활용합

니다. 위험할 때는 딱풀이나 테이프를 활용해도 좋습니다만, 아이들은 고데 기를 활용해서 약 봉투가 밀봉이 되면 더욱 신기해하고 즐거워합니다.

5. 약봉투도 멋지게 써서 자신 또는 다른 사람에게 줄 수 있도록 마무리합니다. 아이들은 마치 약사가 된 것처럼 약국 이름을 써넣기도 하고 신나게 처방을 합니다.

6. 자신이 만든 약들 중 가장 마음에 드는 약, 다른 친구들의 약 중 가장 마음에 드는 약 등에 대해서 서로 이야기를 나눕니다. 누구에게 줄 것인지, 어떻게 먹을 것인지도 이야기를 나눕니다.

sharing

1. 내가 만든 약 중 가장 마음에 드는 세 가지 약을 소개해보세요.

2. 다른 사람이 만든 약 중 마음에 드는 것은 무엇인가요?

3. 내 주변 사람들에게 주고 싶은 약은 어떤 것인가요? 누구에게 어떤 약을 선물하고 싶은가요?

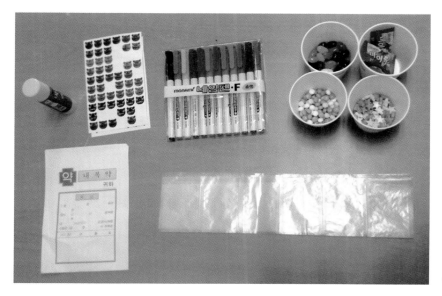

◀ 준비물은 이와 같습니다.

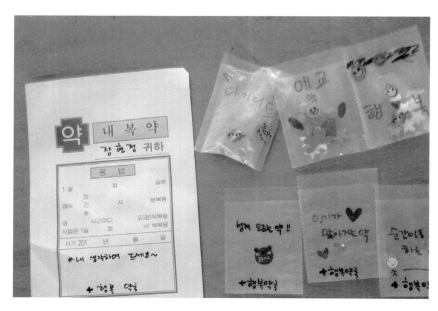

◀ (8세, 남, 주의집중에 어려움 호소)
치료사가 만든 약 : 성적 오르는 약, 인기가 많아지는 약, 순간이동하는 약
아동이 만든 약 : 다이어트 약, 애교약, 행복약

tip 〈소망 약국〉이라는 이름을 붙이고 자신에게 필요한, 자신만의 약을 만들도록 하는 활동은 연령과 성별에 상관없이 대부분의 아이들이 좋아하는 활동입니다. 자신의 욕구를 나타내고 이루어지기를 바라는 일종의 의식과도 같은 활동입니다. 때로는 누군가에게 주고 싶은 약을 만들기도 하면서 자신 주변 소중한 가족과 친구와의 관계를 살펴보게 해주기도 합니다.

tip 약포지에 가루약을 넣어 만들거나, 물약 병에 물약을 만드는 방법 등도 아이들이 제시해준 아이디어입니다. 보다 풍부하고 다양한 방법으로 약을 만들 수 있습니다.

tip 집단치료에서 약을 만들어 서로 선물하게 하니 다른 내담자에 대해 기억해주고 생각해주는 모습이 나타났습니다. 이전에 어떤 내담자가 "키가 컸으면 좋겠다."라고 했던 이야기를 기억했다가 '키 크는 약'을 만들어주는 모습 말이지요.

7) 인형 놀이

대상 : 초등학교 저학년 이상, 개별치료

매체 : 신체상 활동지 , 그리기 재료(사인펜, 색연필 등)

목표 : 개인 탐색 및 표현, 상호작용 연습

잘라서 옷을 바꿔 입힐 수 있는 종이 인형 놀이를 어렸을 때 많이 했습니다. 아이들과 신체상 활동을 하면서 〈인형 놀이〉에 대한 재미있는 의견이 생각나서 진행해 보았는데 여자 아이들이 무척 즐겁게 참여하였습니다. 방법은 아주 간단합니다.

활동과정

1. 신체상을 채색한 뒤 가위로 잘라냅니다. 신체상에 대고 옷을 그리고 잘라냅니다. 이때 옷 위에 걸칠 수 있는 고리를 만드는 것을 잊지 마세요. 이외에도 다양한 옷이나 소품을 함께 만들 수 있습니다.

2. 아이들 자신이나 친구, 엄마처럼 중요한 누군가를 표현합니다. 이때 치료사가 아이들에게 중요한 타인의 역할을 맡아주고 함께 역할놀이를 할 수 있습니다. 어떤 장면을 설정하는지, 어떤 대화를 하는지 살펴보고 아이들의 상황 속에 참여할 수 있게 됩니다. 역할놀이를 하면서 갑자기 필요한 소품을 추가하거나 옷을 더 만들거나 하는 상황도 발생하고 보다 유연하고 자연스럽게 진행하게 됩니다.

sharing

1. 내가 만든 인형을 소개해보세요. 누구인가요? 몇 살인가요? 성격은 어떤가요? 지금 기분은 어떤가요? 무엇을 하고 싶은가요? 하는 일은 무엇인가요?

2. 이 인형에게 어울리는 배경, 집이나 자연을 만들 수 있다면 무엇을 만들고 싶은가요?

3. 인형들로 만들고 싶은 내용은 무엇인가요? 어떤 이야기를 만들 수 있을
   까요?

◀ (10세, 여, 낮은 자존감)
자신과 미래의 남자 친구를 인형으로 만
들어 데이트하는 내용으로 역할놀이를
하였습니다. 이성에 대한 흥미와 관심,
사랑받고 싶은 마음이 잘 나타난 회기였
습니다.

◀ (9세, 남, 낮은 자존감)
치료사와 함께 자신과 주변 사람들, 친
구들을 만들어 다양한 상황에서 대화하
는 연습을 하였습니다.

8) 주사위 게임

대상 : 초등학교 저학년 이상, 개별 또는 집단
매체 : 4절지 , 그리기 재료(사인펜, 색연필 등), 주사위, 게임 말(클레이)
목표 : 상호작용 향상

게임은 때때로 응집력과 동기를 높여줍니다. 저는 냉소적인 청소년 집단이나 소통이 없는 가족처럼 관계형성이 쉽지 않을 경우 종종 게임을 활용하곤 합니다. 특히 〈주사위 게임〉은 누구나 쉽게 할 수 있기 때문에 아이들이 즐겁게 참여할 수 있게 도와줍니다. 치료사와 일대일로 게임을 하거나 내담자 간에 게임을 하도록 돕는 것은 아이들의 적극성을 높여줍니다. 과도하게 경쟁적이 되지 않도록 치료사가 적절한 제한을 하고 분위기를 살펴준다면 더욱 좋을 것입니다.

활동과정

1. 먼저 간단한 게임 말이나 주사위를 만들 수 있습니다. 클레이 등을 활용하여 게임 말과 주사위를 만들도록 합니다. 이때 게임 말을 만드는 과정에서 개인의 상징물들이 나타나고 치료사가 각 상징물에 대해 내담자들과 이야기를 나누도록 한 뒤 게임을 시작할 수 있습니다.

   "저는 토끼를 닮아서 토끼로 만들었어요. 엄마가 저보고 토끼처럼 깡충깡충 뛰어다닌다고 했거든요. 그리고 또 저는 토끼띠예요."

2. 게임용품을 만들 시간이 없는 경우 시중에 판매되는 주사위를 활용할 수도 있습니다. 게임 말은 개인용품 중 선택하게 합니다. 개인의 소지품에 대해서 간단하게 소개하고 활동을 진행할 수 있습니다.

   "이 립스틱을 게임 말로 하겠어요. 구르거나 도망 다니지 않아서 편하게 할 수 있거든요. 이건 제가 좋아하는 색깔이라서 남편이 선물해준 거예요."

3. 이제 게임 판을 그릴 차례입니다. 게임 판은 여러 다양한 모양으로 그릴 수

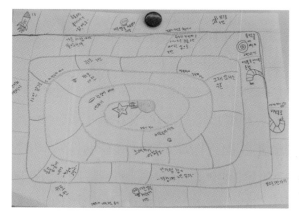

▲ (초5, 남)
달팽이 모양으로 게임 판을 만들어 친구들
과 함께하고 싶은 재미있는 미션을 기록했
습니다.

▲ (중2, 여)
자신의 과거, 현재, 미래를 게임 판에 차례
로 표현했습니다. 포도송이라는 흥미로운
게임 판 모양을 스스로 생각해냈습니다.

있어 창의력을 발휘하도록 도울 수 있습니다. 단, 아이들의 경우 이때 미션
을 적지 않고 모양만 그리도록 주의를 주시는 것이 좋습니다.
4. 게임 판을 모두 그렸으면 이제 미션을 적어넣습니다. 아동, 청소년 집단의
경우 1인당 2개 또는 3개로 미션의 수를 제한하는 것이 좋습니다. 공평한 기
회를 제공하여 규칙을 지키며 게임을 할 때 모두가 정말 즐겁게 참여할 수
있습니다. 미션에는 여러 종류가 있습니다.

- 앞으로 5칸, 뒤로 4칸, 처음으로 가기 등 전진과 후진을 하도록 하는 미션
- 2번 쉬기, 원하는 말과 자리 바꾸기 등 아이디어가 돋보이는 미션
- 푸쉬업하기, 국민체조하기, 웨이브하기, 노래 부르기, 재미있는 이야기하기 등 재미있는 벌칙을 수행하도록 하는 미션
- 옆 사람 칭찬해주기, 악수하기, 안아주기, 장점 다섯 가지 말하기 등 격려하고 지지하는 미션
- 집에 가기, 매점 다녀오기, 뺨 때리기, 선물 사오기, 밥 사오기 등 당장 수행할 수 없거나 참가자에게 피해를 줄 수 있는 미션은 제한합니다.

이외에도 아이들은 창의적으로 여러 미션들을 생각해냅니다. 그러나 다음 페이지의 tip 박스를 참고하여 아이들이 미션을 정할 때는 할 수 없는 것, 해서는 안 되는 것, 피해를 주는 것 등에 대해서 명확한 제한을 해야 합니다.

5. 이제 게임을 진행하시면 됩니다. 사전에 충분히 규칙을 정할 수 있도록 기회를 주시고 진행 중에 새로운 규칙이 필요하면 내담자 간에 서로 의논하여 결정하도록 합니다. 함께 정한 규칙을 지키고 이에 따라 활동하는 즐거움을 제공해야 합니다.

6. 게임을 완료한 뒤 느낌을 이야기 나누고 가장 기발하고 재미있는 미션이 무엇이었는지 또한 물어봅니다. 아동 청소년 집단의 경우 1, 2등을 한 아이들에게 간단한 선물을 하는 것도 때론 도움이 됩니다. 저는 캐러멜이나 초코바 등 먹는 것을 주로 선물합니다.

sharing

1. 게임을 하면서 어떤 생각과 기분이 들었나요?
2. 게임을 진행하면서 나 자신의 칭찬할 점, 집단원의 칭찬할 점을 찾아서 이야기해보세요.
3. 서로가 재미있게 게임을 하려면 어떤 전제 조건이 필요할까요?

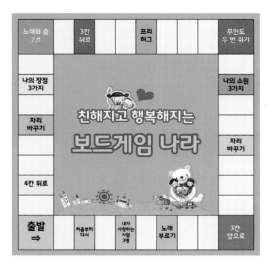

▲ 현수막으로 제작한 가족 게임판   ▲ 게임판 위에서 즐겁게 게임놀이를 함께할 수 있습니다.

tip 미션을 정할 때는 '지금 할 수 있는 것'과 때리거나 욕하는 등 '타인의 기분을 나쁘게 하지 않는 것'으로 제한해야 합니다. 예를 들어, '집에 가기'처럼 지금 할 수 없거나 해서는 안 되는 것들, '돈 내기', '물건 사기' 등 누군가가 경제적인 손실을 입게 되는 미션, '딱밤 맞기, 손목 때리기' 등은 미술치료 상황에서 제한해야 하는 내용입니다. 그래야 게임이 덜 경쟁적으로 진행될 수 있습니다. 과도하게 경쟁적으로 진행되면 본연의 목표인 상호작용 향상을 저해할 수 있습니다.

tip 가족 간에 이와 같은 게임 판 놀이를 수행할 때는 '안아주기', '칭찬의 말하기' 등 가족 간에 신체접촉으로 친밀감을 높일 수 있는 활동도 좋습니다. 저는 게임 판을 현수막으로 만들어서 아이들이 직접 게임 말의 역할을 할 수 있도록 하여 가족치료 세션에서 활용하기도 했습니다.

4. 보라고양이의 기법노트

1) 매체 박스로 친해지기

대상 : 모든 연령(특히 위축되거나 미술에 대한 경험이 부족한 내담자)

매체 : 다양한 크기의 박스, 펑펑이, 깃털, 점토류, 철사 등 다양한 매체(감각위
주로)

목표 : 매체와 친해지기, 창의적인 작업을 경험하기

미술치료 매체는 매우 무궁무진합니다. 그러나 우리에게 오는 내담자는 미술매
체가 익숙할 수도 있고 아닐 수도 있지요. 내담자에게 맞는 매체를 선택하는 것
은 매우 중요합니다. 매체마다 내담자가 보이는 반응은 그 내담자를 이해하는 데
도움이 되거나 내담자의 문제와 연관이 있는 경우가 많기 때문이죠.

　누구든 첫 만남은 어색하고, 특히 미술치료실에서의 미술재료들은 창의성과
즐거움을 주기도 하지만 누군가에게는 어려운 짐으로 다가올 수도 있습니다. 이
런 때, 사용하기 좋은 워밍업! 저는 첫 만남에서는 내담자에게 마음에 드는 재료
를 선택할 수 있도록 하는 경우가 종종 있습니다. 그런데 그것마저 힘들어하는
내담자들을 만난다면? 한 가득 매체가 담긴 박스에 손을 넣어 무엇인지 만져보고
느껴보면서 이름을 알아맞히는 놀이를 하기도 합니다. 어색한 분위기가 금방 재
미있는 웃음소리로 따뜻해질 거예요. 누구에게나 가능하겠죠! 다만, 불안도가 높
은 내담자에겐 투명한 상자로 만들어진 박스를 제공해서 눈으로 보고 만져보면
서 느낌을 이야기하는 것도 좋은 방법이 된답니다.

활동과정

　1. 우선 치료사는 내담자에게 어떠한 권유나 유도 없이 다양한 매체가 담긴 상
　　자를 보여주고(혹은 눈을 가리고 손으로 천천히 만져보는 것부터 시작해도

좋아요! 특히 유·아동의 경우 활동에 대한 흥미와 호기심을 더욱 증가시킬 수 있어요.) 그중 마음에 드는 것을 찾아보도록 합니다.

> "자, 지금 여기 안에는 여러 가지 미술재료가 담겨져 있어. 눈을 감고 천천히 만져볼까? 어떤 느낌이 들까? 지금 만져지는 건 무엇인 거 같아?"

2. 마음에 드는 매체를 고른 뒤에는 내담자가 생각나는 대로 마음가는 대로 자유롭게 작업을 할 수 있도록 해봅니다. 생각지도 못했던 다양하고 재미있는 작품들이 나올 수 있습니다. 실제 미술치료에 대한 부담감이 많았던 아동에게는 언어적인 개입이 아닌 매체를 통한 상호작용이 더욱 효과적이었고 관계형성은 물론 미술치료 시간에 대해서도 긍정적인 인식을 주는 데 많은 도움이 되었던 경우가 있었어요.

한 가지 매체만을 가지고 만들기를 해도 되고 내담자가 치료사와의 작업에 조금 더 호의적인 경우라면 치료사가 고른 매체를 이용해서 작업을 해 보는 것도 색다른 경험을 하게 합니다. 타인이 가진 다양성을 서로가 고른 다

tip 다양한 매체를 한꺼번에 넣은 상자도 되고 아니면 비슷한 느낌의 매체들을 모아놓고 미묘한 차이와 느껴지는 기분에 대해 이야기를 나누거나 작업을 하는 것도 가능해요.

간혹 이러한 매체 상자를 제시함에도 부담스러워하거나 쉽게 선택을 하지 못하는 경우도 있어요. 그럴 때는 당황하지 말고 치료사가 먼저 조작이 어렵지 않은 익숙한 매체를 골라주고 함께 작업하는 것도 좋은 방법이고 또는 치료사 먼저 자신이 좋아하는 매체를 고른 뒤 이에 대한 느낌이나 작업을 해서 보게끔 하는 것도 내담자에게 부담을 덜 느끼게 할 수 있어요.

눈을 감고 오로지 다른 감각으로 매체를 느끼는 것 역시 재미있는 놀이가 돼요. 대신 주의할 것이 있는데 뾰족하거나 다칠 수 있는 매체(모루 속의 철사, 뾰족한 부분이 있는 스팽클 장식 등)는 주의가 필요해요. 또한 너무 손에 묻거나 느낌이 강렬한 매체 역시 위협적으로 경험될 수 있으므로 대상자에 따라 주의가 필요합니다.

른 특성을 가진 매체를 통해서도 간접적으로 경험할 수 있는 거지요.

매우 자기중심적이고 에너지가 넘치는 청소년이 치료사와 함께한 매체 박스 작업에서 평소 관심을 두지 않았던 딱딱한 색연필과 평소에 선호했던 물감을 함께 경험한 뒤 "나는 물감이 더 좋지만 선생님이 좋아하는 색연필을 써보니 물감이랑은 다른 기분이 들어요. 딱딱해서 싫어했었는데 써보니까 좀 더 그림 그리기가 편하기도 한 거 같고… 좋은 점도 좀 생각하게 됐어요. 왜 선생님이 이걸 좋아하나 생각도 해보고… 다 좋아하는 부분이 다르구나 하는 것도 생각했어요."라며 자신이 새롭게 경험한 것을 이야기했던 적이 있습니다.

sharing

1. 내가 좋아하는 매체는 무엇일까?

2. 내가 싫어하는 매체는 무엇일까?

3. (각 매체를 만지고 난 후) 매체를 보면 생각나는 것(예 : 느낌, 감정, 사람 등)은 무엇일까?

4. 서로에게 주고 싶거나 잘 어울리는 매체는 무엇일까? 그 이유는?

2) 면도크림 케이크 만들기

대상 : 모든 연령(특히 유 · 아동에게 긍정적인 반응이 많았습니다.)

매체 : 면도크림, 나이프(또는 나무 막대기) 플라스틱 볼, 수수깡 조각, 초, 색모래 (또는 파스텔 가루)

목표 : 활동에 대한 흥미유도와 관계형성

면도크림을 가지고 놀아본 적이 있나요? 하얗고 손으로 만져보면 폭신폭신, 부들부들, 거품 같기도 하고 구름 같기도 한 면도크림! 슈퍼에서 쉽게 구할 수 있고 일상에서 아빠들이 사용하기에 익숙하기도 한 재료입니다.

　이완매체는 굉장히 다양한데 저는 그중 면도크림을 자주 사용한답니다. 초기 만남 시 다양한 이완매체를 사용하면 보다 미술활동 자체에 흥미를 갖게 하고 창의성을 자극시키며 놀이하는 과정에서 치료사와 관계형성을 수월하게 하기도 합니다. 또한 감정이 이완되고 치료에도 흥미를 가질 수 있으며 보다 감정 표현과 에너지 표출을 유도할 수 있습니다. 면도크림은 다양한 방법으로 놀 수 있어서 관계형성이나 작업에 대한 부담감을 낮출 수 있는 좋은 매체라 할 수 있습니다. 면도크림은 만졌을 때 느낌이 너무나 부드럽고 많은 힘을 들이지 않고도 다양한 변형이 가능하기 때문에 다양한 연령층, 특히 나이가 어린 연령층이 사용하기에도 좋은 매체입니다. 단순히 만지면서 놀이를 할 수도 있고 물을 섞어 묽기를 조절하거나 물감 등을 이용해 색의 변형이 가능하기 때문에 다양한 활동이 가능합니다.

　특히 이완 매체를 이용해서 정신없이 노는 경우 마무리를 하는 것이 중요한데 마무리를 제대로 하지 않으면 너무 이완이 되어 산만해지거나 단순한 놀이가 되고 마는 경우가 있거든요! 저는 가지고 놀았던 면도크림을 모아서 같이 케이크를 만들어본답니다.

활동과정

1. 플라스틱 뚜껑을 엎어놓고 면도크림들을 긁어~ 긁어모아서 납작한 도구를 이용해 그릇표면에 잘 펴 발라줍니다.

2. 그런 뒤 다양한 장식들을 이용해서 케이크처럼 만들기를 해본답니다! 쓰다 남은 수수깡 조각, 작은 구슬들, 색돌 등 뭐든 좋아요. 색모래로 더 멋지게 장식도 하고 나면 케이크가 어느새 완성되어 있죠!

3. 상황에 따라 완성된 면도크림 케이크에 초를 꽂아놓고 축하를 하거나, 노래를 불러줄 수도 있어요.

sharing

1. 매체가 주는 느낌과 만질 때의 기분은 어떤가요?

2. 가지고 놀이하면서 생각나는 것이 있나요?(예 : 사람, 사물 등)

3. (색을 넣었다면) 색을 넣어보니 느낌이 어떤가요? (색을 넣지 않았다면) 색을 넣지 않은 이유는 무엇인가요?

▲ 자신감이 낮은 5세 아동과 면도크림을 이용하여 이완작업을 했습니다. 처음에는 색을 섞지 않고 충분히 놀이하기를 원하였고 적은 양으로 몇 회기 동안 함께 놀이를 했습니다. 아동은 그 이후 조금씩 용기내어 더 많은 양을 요구하거나 물감을 이용해 색을 섞어서 자기표현을 하기 시작했고 끝으로 케이크를 함께 만들어 만족스러워하고 자랑스러워했습니다. 처음에는 소극적이고 자기표현도 거의 없던 아동이 점점 자신감이 향상되고 도전하는 횟수도 늘어나는 변화가 있었습니다.

> **tip** 입으로 먹을 수도 있는 내담자에겐! 면도크림 대신 생크림을 사용할 수 있어요. 또한 나이가 어릴수록 매체를 제시 전 안전교육이 필요할 수 있습니다 (예 : 거품을 만지고 눈 비비지 않기 등). 다양한 놀이를 하다 보면 옷에 묻을 수도 있으니 이것 때문에 방해되지 않도록 앞치마나 물감놀이용 옷 등의 준비가 필요할 때도 있습니다. 면도크림 중에는 냄새가 나는 것이 있어서 환기를 시킬 필요가 있지요. 시중에 무향으로 나와있는 것도 있으니 찾아서 쓰는 센스! 면도크림 케이크는 보관이 용이하지 않기 때문에 미리 내담자에게 이를 알려주는 것도 필요합니다. 자신의 작품에 애착이 강한 내담자의 경우 보관이 되지 않는다는 사실을 뒤늦게 알게 되면 큰 좌절을 겪을 수 있기에 사전에 충분히 일러주는 것이 필요해요. 그래도 아쉽다면 저는 사진을 찍어 보관할 수 있게 하고 있답니다.

3) 색소금 만들기

대상 : 모든 연령(소금을 먹을 수 있는 영·유아는 주의!)

매체 : 소금(좀 더 감각적인 촉감을 위해 굵은 소금을 사용하는 것도 좋아요.), 파
　　　스텔, 유리병, 장식 재료, 물감

목표 : 매체 탐색을 통한 흥미 유도, 집단 활동 시 상호작용 및 사회성 향상

소금은 흔히 엄마들이 부엌에서 요리를 할 때 사용하는 음식 재료로 알고 있는데
요, 미술치료에서는 매우 훌륭한 매체가 되기도 한답니다. 만지면 까끌까끌한 소
금의 느낌을 느껴보기도 하면서 다양한 탐색놀이를 할 수 있어요. 손등에 올려다
놓고 문질~문질 놀이를 할 수도 있고 한 웅큼씩 집어 눈이 뿌려지는 듯 눈 내리
기 놀이를 하기도 합니다. 저는 소금을 주로 초·중학생들과의 집단 프로그램에
서 자주 사용하기도 하는데 연령, 성별 등을 떠나 대체로 인기 있는 매체 중 하나
였던 걸로 기억합니다. 유아들은 소금을 신기해하며 먹으려 하거나 눈에 비비려
는 경우가 있어 조금 조심하는 것이 필요하지만 만져보고 색을 섞어보면서 매우
재미있어하고 관계형성이나 동기유발이 되는 경우가 많았어요. 초등학생이나 중
학생 대상의 집단에서는 각자 고유의 색소금을 만들고 이를 다른 집단원과 교환
하는 식으로 작업을 유도하여 상호작용과 대화 등 사회성 기술을 훈련할 수 있는
경험을 하기도 합니다. 소금은 그 자체만으로도 훌륭한 감각놀이를 할 수 있는
매체이기도 하고 응용하여 색을 섞어보거나 그림을 그릴 수 있는 등의 다양한 활
동을 할 수 있습니다.

활동과정

1. 색을 섞지 않은 하얀 소금을 이용하여 탐색작업을 유도합니다.　나이가 어
리거나 에너지가 많아 통제가 필요한 대상일 경우에는 적당한 크기의 용기
나 상자 등을 제시하여 그곳에서는 자유롭게 가지고 놀이를 할 수 있도록 제

한을 두는 것이 좋아요! 손등에 올려두고 서로 비벼보면서 느낌에 대해 생각해볼 수도 있고 눈처럼 서로의 손에 떨어뜨리는 식의 놀이도 할 수 있습니다. 아주 조금씩 맛을 보는 것도 흥미를 유발하고 집중시키는 데 좋아요. 다만 정말 소량이라는 제한을 주어야 하고 청결할 경우에만 시도해야겠죠! 소금으로 손을 덮어 가리는 놀이(흔히 '두꺼비 놀이'라고도 하죠!)를 할 수도 있고 모양을 만들어보기도 합니다. 치료사와 내담자가 혹은 집단원들끼리 소금으로 탑을 만들어놓고 가운데 막대를 꼽아 서로 돌아가며 소금을 더 많이 가져오는 놀이를 하기도 합니다. 물론 가운데 막대를 넘어뜨리지 않고 말이죠! 충분히 시간을 주고 원하는 만큼의 탐색작업을 할 수 있도록 해야 합니다.

2. 종이 위에 마음에 드는 파스텔을 대고 긁어 가루를 만듭니다. 파스텔을 칼로 긁어 가루를 만들어도 괜찮아요. 가루 위에 소금을 올려두고 손바닥을 쫘악 펴서 살살 문질러 색을 골고루 섞어줍니다. 그럼 고운 색의 색소금이 완성! 저는 집단 작업 시에는 구성원들이 서로 겹치지 않게 색을 2~3개 정하고 색소금을 만들 수 있도록 합니다. 서로 자신에게 없는 색을 빌리고 빌려줄 수 있게 말이죠. 만든 색소금은 종이컵이나 종이에 색깔대로 담아놓습니다.

3. 마음에 드는 유리병을 고르고 색소금을 넣어 채워줍니다. 단순히 색소금을 만드는 활동도 그 과정에서의 큰 즐거움을 얻을 수 있지만 만들어놓은 색소금을 이용해 장식품을 만들면 더욱 만족도가 높아지는 것 같아요. 색소금을 버리기 아까워하고 집에 가지고 가고 싶어 하는 경우가 많았답니다. 다양한 색의 소금을 적당량씩 병에 넣어가면 층층별로 예쁜 무늬의 색소금 유리병이 완성됩니다. 리본이나 스티커 등으로 장식을 해도 좋아요!

sharing

1. 매체가 주는 느낌은 어떤가요?

2. 색을 섞지 않은 소금과 색을 섞은 소금 중 더 선호하는 것은? 그 이유는 무엇 인가요?

3. 친구들과 서로 색소금을 나누어 사용했을 때의 느낌은 어땠나요?

4. 완성 후 기분은 어떤가요?

예시 작품

▲ 색소금을 이용하여 만든 색소금 유리병입니다.
색소금 유리병을 활용하여 자기 인형이나 꽃 화병 등 여러 가지 작품을 만들 수 있습니다. 또한 아동, 청소년, 노인, 가족 등 다양한 대상에게 주제에 맞추어 활용 가능하답니다.

tip. 색소금을 채운 유리병에 만들어진 무늬나 색층을 그대로 보관하려면 병의 입구까지 꽉 소금을 채워놓고 뚜껑을 닫아야 흔들려도 내용물이 흐트러지지 않아요! 속이 보이는 투명한 컵에 색소금을 만들어 채운 뒤 조화나 장식물을 만들어 꼽는 식의 또 다른 활동으로 활용이 가능해요. 또한 소금 외에도 모래, 설탕 등으로 응용 가능해요. 파스텔 외에도 물감을 이용하여 소금탑을 만들면 좀 더 딱딱한 탑을 만들 수도 있답니다. 소금을 사용 전에는 안전에 대한 충분한 교육이 필요할 수 있어요! (예 : 먹지 않기, 소금이 눈에 들어가지 않도록 하기, 친구에게 뿌리지 않기 등) 손의 살이 여린 아동들에겐 굵은 소금을 장시간 만지고 놀이 시 상처가 생길 수도 있어요. 시중에는 입자가 고운 꽃소금이 나와있으니 이를 찾아보는 것도 센스!

4) 나의 소중한 사람들

대상 : 아동 및 청소년, 성인

매체 : 일정한 크기의 화지(다양한 색깔, 질감), 드로잉 재료, 장식 재료(펑펑이, 조화, 스팽클, 스티커 등), 물감류

목표 : 자신에게 소중한 자원 찾기, 자존감 향상, 자기탐색 유도

살다보면 혼자인 것 같은 외로운 감정들이 느껴질 때가 있습니다. 제가 만나는 내담자들 역시 세상에 자신의 편은 하나도 없는 외톨이가 된 듯한 기분을 호소하는 경우가 많아요. 자신이 잊고 있던 주변의 소중한 존재(과거의 사람들이라도!)들에 대해 작업을 하다 보면 어느새 '아, 나는 혼자가 아니었구나!' 라는 깨달음을 얻기도 합니다. 나에게 의미 있는 사람들에 대해 탐색을 하다 보면 어느새 지금의 나에 대해 좀 더 깊은 통찰을 해내기도 하고 자신의 존재에 대한 소중함과 감사함을 느끼기도 하죠. 언어적인 접근만으로는 그 존재들의 느낌이나 추억, 감정등을 온전히 표현하는 데 한계가 있어요. 그럴 때 저는 〈나의 소중한 사람들〉에대한 상징 작업을 할 수 있도록 합니다.

활동과정

1. 다양한 색깔과 질감의 종이를 제공합니다. 너무 큰 종이라서 작업이 부담되는 내담자에게는 작은 엽서크기로도 충분합니다.

2. 내 주변에 있는 (또는 있었던) 소중한 존재들에 대해 떠올려보고 차례대로 그 대상과 관련된 상징을 자유롭게 종이에 표현해보도록 합니다. 단순하게 색으로도 표현할 수 있고 어떤 사물, 표정 등 자유롭게 그 사람에 대한 상징을 생각하고 시도해볼 수 있도록 격려를 해줍니다.

3. 완성이 된 작품들을 자신이 원하는 대로 배열해 놓은 뒤 연결을 해줍니다. 그럼 커다란 또 하나의 작품이 완성되는데 이를 잘 보이는 벽에다 붙여두고

감상해보는 시간을 갖습니다. '나의 소중한 사람들'이란 주제 외에 자신의 작품에 대해서 자유롭게 제목도 지어보도록 합니다.

　어떤 이미지가 가장 먼저 만들어졌는지, 어떠한 질감이나 색깔의 종이에 표현되었는지, 재료는 무엇을 사용하였는지, 어디에 배치를 하였는지 등의 미를 부여할 수 있을 것입니다. 내담자가 만들어가면서 느꼈던 감정이나 조각을 모아 하나의 커다란 이미지로 다시 완성한 후의 느낌은 어떤지 충분히 나누는 시간 역시 필요합니다. 또한 저는 간혹 자신과 그 대상들과의 관계를 알아보기 위해 자신에 대한 상징 작업을 하고 난 뒤 다른 대상들의 상징 작업을 이어갈 수 있도록 하고 완성 후 이를 자신을 중심으로 배열을 해볼 수 있도록 하기도 합니다. 그럼 보다 더 눈에 들어나게 그 대상과의 거리가 나타나기도 하고 좀 더 의미 있는 배열들이 보이기도 합니다. 내담자 역시 그러한 과정을 통해 자신도 몰랐던 부분들을 찾아내기도 하죠. 자신을 위해 다양한 사람들이 영향을 주었으며 앞으로도 또 새로운 사람들이 생겨나 작품이 달라질 수 있음을 이야기해주는 것도 필요하겠죠?

sharing

1. 〈나의 소중한 사람들〉에 대한 느낌은 어떤가요?

2. 가장 먼저 생각난 사람은 누구인가요? 그 이유는 무엇인가요?

3. 선택한 색, 재료, 표현 방식 등이 그 대상과 어떠한 연관이 있나요? (예 : 빨간색-성격이 열정적이기 때문에, 솜-따뜻하고 부드러운 이미지)

4. 작품의 배치와 그 작품 속 대상과 나와의 관계는 실제로 어떤 것 같나요?

5. 활동을 통해 새롭게 알게 된 부분은 무엇인가요?

6. (완성 후 작품을 보며) 느낌은 어떤가요? 제목을 지어보세요.

▲ 엄마가 동생을 출산하면서 외로움을 호소했던 초등학교 5학년 여아의 작품입니다.
자신이 사랑하고 응원하는 주변인에 대해 여러 회기를 걸쳐 작업하여 완성했습니다. 완성을 하니 "사랑하는 소중한 사람(대상)이 많고 외롭지 않은 것 같아요."라며 만족스러워했습니다.

▲ 자기탐색을 원한 성인 여성의 작품입니다.
종결을 앞두고 여러 회기동안 만들었던 '나'와 관련된 작품들을 연결 짓는 작업을 했습니다. 자신과 주변인들, 다양한 감정에 대한 작품을 연결 지으며 "정리가 되는 것 같고 잊고 있던 소중한 것들이 많은 것 같다."라고 이야기했습니다. 이처럼 이 작업은 종결을 위한 활동으로도 좋습니다.

 재료는 다양할수록 좋지만 위축된 내담자들이나 매체를 쉽게 다루기 어려운 경우에는 드로잉 재료로도 충분합니다.
　　종이의 크기는 다양하게 제공되어도 무방합니다. 어떤 대상인가에 따라 스스로 종이 크기를 선택하는 것 역시 의미가 있는 것이니까요. 다만 완성된 조각들을 모으는 과정에서 일정한 크기의 조각들보다는 하나로 만들기가 다소 어려울 수 있으니 미리 조각들을 모아서 큰 작품을 다시 만들 것임을 설명해주는 것도 필요해요.
　　사진이나 물건들을 이용해서도 작업이 가능합니다. 한 사람에 대해서 여러 가지 상징들을 엮어보는 식의 응용작업도 가능합니다.

5) 나의 업적

대상 : 노인(유 · 아동 및 청소년, 성인, 노인 등 다양한 연령층에서 활용 가능)

매체 : 석고붕대, 따뜻한 물, 접시, 가위, 물감, 장식 재료, 판

목표 : 신체본뜨기(손)를 통하여 자신의 과거 회상 유도하기, 집중력 및 협응력 향상, 자존감 향상

노년기는 자신의 일생에 대해 정리하고 긍정적으로 수용하여 죽음을 건강하게 맞을 수 있도록 해야 하는 시기입니다. 현재의 나를 이해하기 위해서는 과거를 회상해보는 것이 좋은 방법 중 하나입니다. 과거를 돌아보며 자신이 최선을 다해 살아왔고 긍정적인 업적들을 확인해보는 것이 현재 자신의 모습까지도 긍정적으로 수용할 수 있도록 하는 데 큰 영향을 줄 수 있습니다. 삶을 정리하고 통합해야 하는 시기의 노인들과 함께하기에 좋은 기법을 소개할게요.

활동과정

1. 자신의 손을 살펴보는 시간을 가지는 것으로 시작합니다. 손을 만져보기도 하고 양 손을 바꾸어가며 어떻게 생겼는지 생김새를 보기도 합니다. 이어 손을 주무르기도 하고 비벼보기도 하며 이에 대한 느낌 등을 나누도록 합니다. 나의 손이 어떻게 느껴지는지 그리고 나의 손이 오늘 하루 했던 일들을 생각해봅니다. 노인들의 경우 '기억이 나지 않는다'며 생각을 하는 것을 어려워할 수 있는데 이런 경우 치료사가 매우 간단한 일상 등을 예를 들어 주는 것이 좋습니다. (예 : 세수하기, 밥 먹기, 옷 입기 등) 이어 나의 손이 했던 행동 중 잘했던 일이나 잘하는 것에 대해 초점을 두고 이야기를 나누도록 합니다. (예 : 음식하기, 청소하기, 남을 도와준 일 등) 더 나아가 내가 지금까지 살아오면서 '나의 손이 이루어낸 업적'에 대해서 생각해보는 시간을 갖습니다. 아주 작은 일이라도 스스로 생각을 할 수 있도록 격려를 하는 것이 필요하겠

죠. 노인 스스로가 일생 동안 해왔던 것들이 결코 쓸모없는 것들이 아닌 자신과 가족들을 위한 뒷받침과 노력이었음을 깨달을 수 있도록 연결지어주는 것도 중요합니다.

2. 손과 관련된 이야기를 충분히 나누었다면 자신의 업적을 이룬 소중한 손에 부드럽게 로션을 발라줍니다. (석고붕대가 마른 뒤 떼어낼 시 자극을 최소화하기 위한 것이에요.) 로션을 바른 후 어떠한 손 모양으로 만들 것인지 생각하도록 합니다. (가장 쉽게 만들 수 있는 모양은 손을 쫙 펴고 있는 모양이에요.)

3. 석고붕대를 길게 펴 적당한 크기로 잘라놓습니다. 석고붕대를 만지기 전 매체에 대한 충분한 이해가 필요한데, 특히 이 석고붕대는 자칫하면 석고가루가 날릴 수 있기에 주의가 더 필요합니다. 그래서 호흡기 질환이 있는 대상과의 작업 시에는 더욱 더 유의해야 해요! 유 · 아동과의 작업 시에도 석고붕대의 사용법, 주의점에 대해서는 충분히 이야기를 하고 난 뒤 만질 수 있도록 하고 있어요.

4. 일정한 너비로 자른 석고붕대를 따뜻한 물에 살짝 적시고는 한쪽 손에 올려놓고는 다른 손으로 비벼가며 석고붕대에 있는 구멍을 막아갑니다. 부드럽게 비벼주어야 하고 꼼꼼히 하면 더 매끈하게 표현이 가능하게 되요. 손등부터 손가락 끝까지 꼼꼼하게 3~4번 정도 석고붕대를 겹쳐서 완성합니다.

5. 석고붕대는 금방 마르는 편이기 때문에 한 10~15분이 지나면 바로 떼어낼 수 있습니다. 그러나 너무 금방 떼어내어 버리면 손가락 부분이 부러질 수 있으니 확인을 한 뒤 떼어내도록 해야 해요.

6. 떼어낸 석고붕대 손 장식에 다양한 장식을 합니다. 우선 하얗기에 물감이나 락카로 색을 입혀줄 수 있고 다양한 장식 재료(예 : 펑펑이, 스팽글, 구슬 등)를 이용하여 꾸미기를 할 수 있습니다.

7. 완성된 석고붕대 손 장식을 판에 고정시키고 나의 손이 이루어낸 업적을 주

변에 적어 보도록 합니다. 완성 후 느낌에 대해 나누고 제목을 지어보도록
합니다.

sharing

1. 내 손은 어떠한 느낌을 주나요?

2. 내 손이 이루었던(행했던) 중요한 일들은 무엇인가요?

3. 나의 손에게 해주고 싶은 것, 필요한 것은 무엇인가요?

4. 앞으로 이 손이 할 수 있는 (혹은 해야 할) 일은 무엇이 있나요?

예시 작품

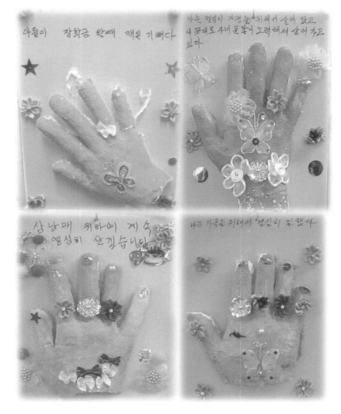

◀ 치매주간보호센터에서 만든 치매노인들의 작품입니다.
업적에 대한 질문에 처음에는 '모른다', '없다'고 대답하였으나 작업을 하면서 자신이 했던 의미 있는 일들을 생각해냈고 표현하였습니다. 또한 완성된 작품들을 벽에 붙여 전시하니 무척이나 자랑스러워하고 의미 있어 하였습니다.

 석고붕대를 손에 감싸는 작업 시 손가락 끝부분이나 손의 옆면부분에는 더 세심하게 붙여 튼튼하게 마무리해주어야 합니다.

일대일 작업의 경우에는 치료사가 내담자의 손을 같이 만들어주는 것도 좋고 집단 작업일 경우 짝을 지어 서로의 손을 본떠주는 것도 좋은 방법입니다.

석고붕대에 장식물을 고정시킬 때는 목공용 풀이나 글루건을 사용하면 좋습니다. 특히 글루건은 사용 시 주의하여 사용해야 하니 꼭 치료사가 함께 도와주세요.

연령별이나 가지고 있는 문제에 따라 다른 목표를 두고 작업을 진행할 수 있답니다.

6) 예언의 책

대상 : 아동 및 청소년

매체 : 다양한 크기의 화지, 자, 드로잉 재료, 가위, 마스킹테이프, 스템플러, 스티커, 장식 재료

목표 : 진로탐색 및 흥미유발, 자존감 향상

"넌 앞으로 어떻게 살고 싶니?", "넌 앞으로 어떤 사람이 되었으면 좋겠어?" 살다 보면 이런 질문을 받기도 하고 하기도 합니다. 치료사로서 많은 아이들과 만나면서 이러한 질문을 하였을 때 거의 대부분의 아이들은 당황하거나 아예 생각조차 하지 않는 듯한 반응들을 보이기도 했습니다. 어떤 아이들이든 앞으로 멋진 삶을 살고 싶고 나름대로 성공하고 싶어 합니다. 아동들이나 특히 청소년들과의 미술치료에서는 앞으로의 꿈이나 진로 등에 대한 다룸이 필요합니다. 때로는 아직 생각도 하기 싫고 회피하고 싶기도 한 무거운 주제인 '진로, 꿈'에 대해 자신을 주인공으로 삼아 스스로 생각하고 이를 멋진 〈예언의 책〉으로 만드는 재미있는 작업으로 접근해보는 건 어떨까요?

활동과정

1. 화지를 다양한 방법을 사용하여 책 형태로 연결합니다. 같은 사이즈의 종이를 여러 장 겹쳐 스템플러로 고정을 한 뒤 마스킹테이프로 마무리해줘도 좋고 4절지를 이용하여 기본 책 접기를 하는 것도 좋습니다.

2. 자신을 주인공으로 하여 어린 시절부터 현재, 미래를 나누어 이야기를 만들고 이를 그림으로 표현해봅니다. 특히 미래에 대해 구체적으로 어떠한 과정들을 겪어나가는지, 어떤 사람이 되는지를 표현할 수 있도록 합니다. 이는 작업 후 현재 자신이 이러한 결과물을 얻기 위해(예언대로 되기 위해) 어떤 노력들을 할 수 있는지 생각하게 하고 앞으로의 계획을 세우는 데도 도움이

될 수 있습니다.

3. 자신의 책을 가장 잘 표현할 수 있는 제목을 짓고 표지를 꾸며봅니다.

4. 완성된 책을 치료사나 혹은 집단원과 나누는 시간을 가져봅니다.

sharing

1. 완성된 작품의 느낌은 어떤가요?

2. 과거, 현재, 미래 중 표현하기 힘들었던 것과 가장 재미있던 것은 무엇인 가요?

3. 이야기 속의 결과가 마음에 드나요? (마음에 들지 않다면) 바꾸고 싶거나 추 가하고 싶은 내용이 있다면 무엇인가요? (만족한다면) 실제로 이루기 위해 어떤 일들을 할 수 있을까요?

▲ 자신의 탄생부터 죽음까지의 발달과정을 책처럼 엮어 만든 작품입니다.
친구들에게 왕따를 당하고 자기비하가 심한 청소년 여학생이 이 작업을 하면서 마지막에는 행복하고 빛나는 삶을 살아가는 자신의 모습을 정성스럽게 작업하였습니다. 의욕이 없고 무기력하던 내담자가 당장 할 수 있는 구체적인 계획을 세우고 실천하는 계기가 된 작품이었습니다.

▲ 또래관계에서 어려움을 겪고 있는 중학교 남학생의 작품입니다.
자신이 생각할 수 있는 나름대로의 대안과 바람들이 만화 형태로 잘 드러났습니다.

tip 자신의 과거와 현재, 미래에 관련된 여러 가지 주제를 각각 작업하여 이를 묶어 책으로 만들 수도 있어요.
청소년들은 만화나 영화처럼 만들어보는 활동을 즐거워했습니다.

7) 선물(집단을 위한 기법)

대상 : 모든 연령(특히 집단의 마무리 활동 시 유용함)

매체 : 다양한 크기의 박스, 가위, 풀, 장식 재료, 점토류

목표 : 집단에 대한 고마움 표현, 자존감 향상

집단과의 만남은 항상 긴장되고 힘이 들기도 하지만 어느새 활동이 마무리될 쯤엔 아쉬움과 서로에 대한 고마움이 남아있기 마련입니다. 집단상담이 진행되면서 의견충돌로 인해 상처받기도 하고 오해를 할 수도 있지만 나의 문제에 대해 들어주고 공감을 해주며, 같은 위치에서 조언을 해주기도 하는 멘토와 같은 존재들과의 헤어짐을 위한 좋은 기법을 소개하겠습니다.

실제 이 기법은 초등학교 고학년의 아동이나 청소년, 성인 집단과의 종결 회기 시 진행을 했던 적이 많았는데 서로 관심 없는 듯 보였던 집단원들이 각자의 고민이나 꿈 등과 연관되는 선물들을 해주면서 또 다른 긍정적인 경험들을 하게 했었던 작업입니다. 빈 박스였으나 많은 의미가 담긴 선물들로 채워지는 것에 대해서도 매우 긍정적인 반응들이 있었어요.

활동과정

1. 자신을 위한 박스를 만듭니다. 다양한 방법으로 박스를 완성할 수 있는데 장식 재료를 이용하여 꾸미기를 하여도 좋고 콜라주 기법을 응용하여 여러 이미지들(자신과 관련된)을 상자에 붙여서 자신을 위한 박스로 만들어볼 수도 있습니다.

2. 점토를 충분히 반죽하면서 집단원들 개인에 대한 느낌이나 전하고 싶은 것 등을 생각해보도록 합니다. 이때 치료사는 '선물'의 의미를 담은 긍정적인 상징들을 유도하도록 하나 강요하면 안 되겠지요! 한 사람에 대해 충분히 생각을 해본 뒤 각자 집단원 개인을 위한 선물을 점토로 만들어보도록 합니다.

역시 재료는 다양하게 활용 가능합니다.

3. 자신의 박스를 집단원들에게 전달하고 각자가 만든 선물들을 박스 안에 담도록 합니다. 자신의 박스가 돌아오면 어떤 의미의 선물들이 왔는지 돌아가며 이야기를 나누도록 합니다. 자신은 어떤 의미로 선물을 만들어주었는지, 자신이 받은 선물들은 어떤 의미인지, 모든 선물이 담긴 박스를 보니 느낌이 어떤지 등 충분히 나누는 시간을 갖습니다.

마무리 시 자신을 위해 선물을 준 집단원들에게 감사함을 표현할 수 있도록 합니다.

sharing

1. 자신을 위한 박스를 보니 어떤 느낌이 드나요? 그렇게 만든 이유는 무엇인가요?
2. 박스 속에 담긴 선물들의 의미를 살펴보니 어떤 느낌이 드나요?
3. 자신이 집단원들에게 만들어준 선물에는 어떤 의미가 있나요?
4. 활동을 통해 알게 된 것들에는 어떤 것이 있고 어떤 기분을 느꼈나요?

▲ 사회성 향상을 목표로 진행한 고등학생 집단이 완성한 작품입니다.

함께 집단을 경험하면서 그동안 알게 된 서로의 고민과 바람을 기억해보고 상대방을 위한 선물을 만들어 담아주는 작업을 진행하였습니다. 응원에 대한 상징물 이외에도 문제 해결에 대한 상징들이 있어서 자연스럽게 서로를 위해 고민하고 지지해주는 시간이 되었습니다.

tip　간혹 집단원이 가지고 있는 문제를 박스로 표현해보고 이에 대한 조언이나 긍정적인 의미의 격려 등을 점토로 상징화하여 담아주기도 합니다. 특히 또래 집단일 경우 멘토링의 의미로서 또 다른 새롭고 현실적인 대안들을 찾아주기도 했던 경험이 있었어요.

시간이 충분하지 않다면 한 회기 전에 미리 박스 작업을 한 뒤 선물만을 만들어주는 활동으로 시간을 조절할 수 있습니다. 또한 박스를 자리에 앉은 상태에서 돌려가며 그 주인에게 필요한 선물을 만들어주는 것도 방법입니다.

박스가 없다면 화지에 자신을 표현하고 이를 돌려가며 선물을 만들어 담는 식으로 응용 가능합니다.

8) 소망나무(집단을 위한 기법)

대상 : 모든 연령(특히 집단의 마무리 활동 시 유용함)

매체 : 다양한 크기의 화지(전지, 4절지, 8절지, 색지 등), 장식 재료, 풀, 드로잉 재료, 물감 등

목표 : 앞으로의 소망 표출 및 방향 설정, 자존감 향상

누구든지 이루고 싶은 소망이 있고 더 나은 미래를 꿈꾸기 마련입니다. 소망나무 작업은 집단 활동 시 거의 마무리를 하는 시점에 사용하는 기법인데요. 저는 주로 각자가 자신의 소망이 담긴 열매나 나뭇잎을 개인 작업 후 공동으로 나무를 만들어 완성하는 집단 작업으로 진행을 했습니다. (순서는 바뀌어도 상관없습니다.) 치료의 목표에 맞는 자신의 소망을 적기도 하고 청소년들의 경우에는 주로 진로에 대한 꿈을 적어 소망 열매를 만들기도 한답니다. 각자가 만든 소망 열매를 담아줄 소망나무는 다 같이 완성을 하도록 하는데 종이로도 만들 수 있지만 입체 작업을 크게 하면 상당한 성취감과 만족감을 줄 수 있답니다.

활동과정

1. 큰 전지에 다 같이 나무 한 그루를 구상하여 그립니다. 그린 나무를 의논하여 다 같이 꾸며줍니다. 드로잉 재료로 채색을 하여도 좋고 다양한 장식 재료로 나무를 완성해도 좋습니다. 실제 아동들과 작업 시에는 다양한 매체를 제시하는 것이 훨씬 창의적이고 재미있는 공동나무를 완성할 수 있도록 했습니다. 한지나 신문지 등을 구겨서 가지를 완성하기도 하고 모자이크 식으로 찢어 붙여 나무를 만들기도 하는 등 다양한 만들기 방법이 있겠죠.

　대신 나무를 만들 때 열매는 각자가 만들어 붙일 것이므로 열매를 붙일 자리를 남겨두게 하는 것이 필요합니다. (순서는 상관없어요. 열매를 먼저 만들어도 되고, 나무를 함께 만든 후 열매를 만들어도 됩니다.)

2. 각자 다양한 모양의 열매를 만들도록 하고 열매에는 자신의 소망을 적어보도록 합니다. 이때 열매 모양 역시 개인이 자유롭게 할 수 있도록 하되 나무의 크기에 맞추어 만들 수 있도록 유도하는 것이 필요하겠죠. 간혹 조절력이 낮거나 자기중심적인 성향이 강한 유·아동과의 집단 작업에서 나무의 크기나 다른 친구들의 열매와 함께 붙인다는 것을 미처 생각하지 못하고 매우 큰 크기의 열매를 만들려고 하는 경우가 있으니 미리 이야기를 해주는 것도 좋을 것 같습니다.

   소망을 적은 장식 재료를 스티커, 펑펑이, 스팽글 등 다양한 장식 재료로 장식합니다.

3. 완성된 열매들을 함께 만든 나무에 자신이 원하는 위치에다가 달아놓을 수 있도록 합니다. 다 함께 나무를 감상하고 제목을 정해보기도 합니다. 자신의 소망과 다른 이들의 소망이 모두 이루어질 수 있도록 격려를 하는 등 긍정적인 피드백이 오고갈 수 있도록 하는 시간을 갖는 것도 좋겠죠.

sharing

1. 완성 후 전반적인 활동에 대한 느낌은 어떤가요? 함께 만든 결과물을 보니 어떤 기분이 드나요?
2. 자신이 만든 열매의 의미나 소망의 내용은 무엇인가요?
3. 열매를 그 위치에 달아놓은 의미는 무엇인가요?
4. 집단원들과 자신에게 하고 싶은 말은 무엇인가요?

예시 작품

▲ 집단 종결 시 각자가 가지고 있는 소망들을 열매로 만들어 완성한 작품입니다.
집단이 함께 완성한 작품이라 더욱 완성도가 높고 성취감 역시 높았습니다.

tip 나무가 완성이 되면 주변의 모습 역시 다 함께 꾸며보는 것도 좋아요.
나무는 입체적인 작품으로도 만들 수 있습니다. 열매 역시 입체적으로 만들 수
있겠죠! 완성 후 다 같이 기념사진을 찍으면 정말 멋진 순간으로 기억될 거예요.

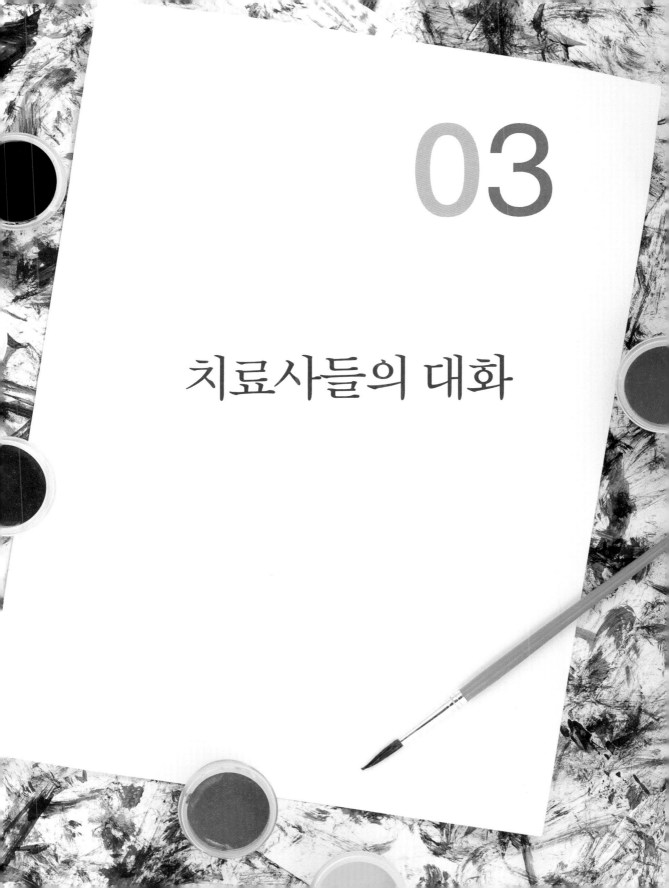

03

치료사들의 대화

치료사들과 만나서 이야기를 하다 보면 비슷한 고민을 발견하게 됩니다. 우리들의 고민은 정답이 없는 경우가 많아서 교재를 찾아보아도 시원한 답을 얻기 어려웠습니다. 이번 장에서는 치료사들의 여러 가지 고민을 함께 나누며, 4명의 치료사들이 어떻게 경험하고 발전해왔는지를 풀어내고자 합니다. 그래서 서로 다른 생각과 노하우를 공유하며 다양한 방향을 제시해보고자 합니다. 지금부터 '치료사들의 대화' 속으로 함께 들어가 보실까요?

1. 나는 어떻게 미술치료사가 되었는가

녹색클로버 : 어린시절부터 미술을 좋아해서 계속 배우고 싶었지만 가정 형편 때문에 포기하고 있었습니다. 대학원에서 상담학을 공부하던 중 특강을 통해 처음 미술치료를 접하게 되었지요. 멀게 느껴지던 미술이 미술치료를 통해서 가까워지고, 상당히 역동적이고 생명력이 있음을 알게 되었습니다. 그리고 정서적으로 저와 잘 맞는다고 생각되었죠. 내면의 상처와 감춰진 심리적인 갈등이 보다 건강한 모습으로 회복됨을 경험하고 미술치료사의 길로 들어왔습니다.

하늘바람 : 저는 부랑인복지시설에서 사회복지사로 근무하면서 첫 미술치료집단을 운영한 뒤 본격적으로 미술치료사가 되고자 마음먹게 되었습니다. 내담자의 대부분은 만성 정신장애인이었는데 무기력하고 동기가 없던 분들이 미술치료 과정에서 생기가 돌고 즐거워하시는 모습을 보았어요. 언어표현이 잘 되지 않아서 의사소통이 어려운 분들이었지만, 그림을 통해서는 편안하게 소통하고 대화할 수 있다는 점이 신기했고, 평소 잘 몰랐던 강점과 힘을 발견하는 계기가 되기도 했습니다.

개인적으로는 프로그램을 개발하고 적용하며 내담자의 반응을 유도하는 임상 현장이 저에게 잘 맞았습니다. 그래서 결국 한국미술치료학회 미술치료사, 미술치료전문가로 활동하게 되었고 더 좋은 치료사가 되기 위해 박사과정 중입니다.

빨간사과 : 어릴 때부터 조용하고 내향적이었던 저는 밖에 나가 친구들과 뛰어 노는 것보다는 책을 보거나 그림 그리는 것을 더 좋아했어요. 말수가 적고 수줍어 표현을 잘하지 못했던 저에게 그림은 가장 중요한 표현 수단이었던 거죠. 그러던 제가 미술치료사가 된 것은 어쩌면 당연하고 자연스러웠던 일인 것 같아요.

미술대학 졸업 후 예고와 미술대학에서 시간강사로 학생들을 가르치며 작품활동을 하였지만 결혼과 출산으로 인해 일을 중단하게 되었어요. 아이를 키우는 일이 제게는 더없이 소중하고 행복한 일이었지만, 아이들이 차차 자람에 따라 무언가 의미 있는 일을 다시 해보고 싶다는 갈망으로 많은 생각을 하게 되었지요.

그때 '미술치료'가 우연처럼 저에게 다가왔어요. 처음엔 미술치료가 뭔지도 잘 모르면서 그저 흥미로울 것 같다는 생각에 평생교육원 교육과정을 등록했는데, 강의는 기대 이상으로 재미가 있었어요. 과정을 마친 후에도 공부를 계속 해보고 싶다는 강한 욕구가 생기더군요. '늦은 나이에 공부를 다시 시작한다는 것은 너무 무리가 아닐까?' 하는 생각에 좀처럼 결단을 내리기가 어려웠지만, 상담대학원에 입학하여 또 한 번의 석사과정을 마쳤고, 결국 저는 미술치료사가 되었답니다.

보라고양이 : 제가 처음 미술치료를 접한 건 대학생 때였어요. 사회복지를 전공했고 졸업하면 당연히 사회복지사가 될 것이라고 생각하고 있었지요. 미술치료는 사회복지사가 되기 위한 배움의 과정 중 일부였고 또 재미있을 것 같기도 해서 호기심에 강의를 신청했어요. 그렇지만 당시에는 제 삶에 크게 영향을 주진 않았던 것 같아요. 오히려 졸업 후 자격증과 취업 준비로 인해 힘든 시간을 보내게 되자 뒤늦게 미술의 치유성을 경험하게 되었죠. 몸도 마음도 무척 지쳤는데 가족에게도 친구들에게도 기대기조차 힘들어 다 그만두고 싶은 순간이 왔었던 것 같아요. 왜 갑자기 그러고 싶었는지 모르겠지만 방 한 구석 벽을 비우고는 그 앞에 서

서 제 키보다 훨씬 큰 벽화를 그리기 시작했어요. 단순히 '뭔가를 그려야지'가 아닌 손이 가고 마음이 가는 대로 그림을 그렸어요. 시간이 어떻게 그렇게 훌쩍 지나갔는지 모르겠지만 정신을 차려보니 어느덧 해가 저물어 방안에는 노을이 들어오고 있었어요. 노을이 비친 그림을 보면서 그렇게 힘들고 차갑던 마음이 간만에 큰 기쁨과 긍정적인 에너지로 벅차오름을 느꼈었지요.

그 후 사회복지사로 일하게 되었지만 미술치료를 계속 공부하게 되었습니다. 한국미술치료학회에서 미술치료사 자격증을 취득하고 대학원에서 미술치료를 전공하게 되었지요. 그렇게 지금까지 미술치료사로서 일해오고 있습니다. 개인적으로 힘든 시기에 경험한 미술의 치유성이 '미술치료사'의 길로 가게 만들었죠.

> **tip**
> 미술치료는 석사학위 과정 전공으로 개설되어 있는 경우가 많습니다. 때문에 미술치료사가 되는 사람들은 다양한 학문적 배경을 갖고 있습니다. 미술 분야를 전공하고 미술치료사가 되는 경우도 있고, 심리상담이나 사회복지, 교육 등의 분야를 전공하고 미술치료사가 되는 경우도 있습니다.
> 미술치료사가 되는 방법 또한 다양한데 평생교육원이나 일반 교육과정을 통해 입문하여 학회 미술치료사 자격증을 취득하는 경우도 있고, 학위 과정으로 시작하는 경우도 있습니다.

2. 나는 어떤 미술치료사가 되고 싶은가

1) 어떤 치료사가 되고 싶은가

빨간사과 : 전에는 나와 내 가족을 중심으로 살아왔다면, 앞으로는 좀 더 많은 사람들에게 도움이 되는 일을 하며 살고 싶다는 소망을 늘 품고 있지요. 미술치료야말로 이러한 저의 소망에 딱 들어맞는 일인 것 같아요. 나 자신이 나의 깊은 내면을 만나 치료받고 회복되었듯이, 상처받은 이웃들을 만나 그들의 아픈 마음을 공감해주고 그 상처를 보듬어 회복할 수 있는 힘을 찾아주는 일, 또 그들이 변화

◀ 나와 만나는 사람들이 삶의 에너지를 얻고 회복해서 자신이 가진 고유의 색과 모습, 즉 진정한 자기를 찾아 건강하게 성장할 수 있도록 돕고 싶어요.
(재료 : canson paper, 파스텔)

하고 성장할 수 있게 도와주는 일, 이것이야말로 하나님께서 저에게 주신 '미술치료사'라는 이름의 사명이라고 생각해요.

녹색클로버 : 일단 행복한 치료사가 되고 싶어요. 다른 사람들을 도우면서 내 자신이 행복감이 없다면 안 된다고 생각해요. 다른 사람이 건강하고 행복한 인생을 살도록 돕고 싶다면 내 자신부터 행복한 삶을 살고 있어야 하지 않을까요? 그

◀ 푸른 잎과 붉은 단풍, 서로 다르지만 하나인 모습, 굵은 줄기로 내담자를 옆에서 견뎌주는 모습, 겨울의 혹독한 추위를 잘 견뎌 새로운 계절을 준비하는 그런 모습의 치료사가 되고 싶어요.
(재료 : 도화지, 가위, 풀, 물감)

리고 사람들에게 쉼을 주고 싶어요. 경쟁적이고 항상 긴장 가운데 있는 사람들의 인생에 마침표가 아닌 쉼표를 찍을 수 있는 여유를 주고 싶은 거죠.

하늘바람 : 내담자의 뒤에서 든든하게 버텨주고 기다려주는 치료사가 되고 싶은데 그러려면 내공이 많이 필요하겠지요. 자신의 마음을 살펴볼 줄 아는 단단함과 부드러움을 모두 지닌 치료사가 되고 싶습니다. 전에 한 교수님께서 "치료사는 거울이다. 거울이 울퉁불퉁하면 제대로 비춰줄 수가 없다."라고 하셨던 말씀이 기억나네요. 치료사는 치료의 가장 중요한 도구니까 몸과 마음이 튼실한 치료사가 되고 싶습니다.

◀ 제목은 〈강철의 심장〉이라고 지었어요. 단단한 심장이 부드러운 깃털에 쌓여있는 것처럼 강인함과 부드러움을 모두 갖고 싶다는 뜻에서요.
(재료 : 깃털, 펑펑이, 손철사)

보라고양이 : 지금은 미래를 계획하고 준비하기보다는 매번 헤매고 넘어지고 깨지며 당장 하루밖에 보지 못하는 경우가 거의 대부분이에요. 그래서 '내가 지금 무엇을 하고 있나? 제대로 하는 건가?'라며 자책하고 혼란스러워할 때가 많아요. 지금은 부족하고 불안해도 20년쯤 뒤에는 좀 더 단단하고 깊은 뿌리를 가진 튼튼한 나무와 같은 치료사가 되는 것이 바람이에요. 미술의 치유성을 경험했던 '그날'처럼, 고민하고 부족함에 부끄러워할 줄 알고 더 노력하는 '오늘'처럼. 지치지 않고 급하지 않게, 배우고 경험하면서 튼튼하게 채워가고 싶어요.

◀ 지금 난 치료사로서 나무처럼 진중하고 오랫동안 버틸 수 있을까? 바람이 불면 유연하게 따라 움직여주기도 하고 때론 기댈 수 있을 정도로 튼튼한! 뿌리가 깊은 치료사가 되고 싶어요.
(재료 : 케이크 판, 아크릴물감, 칼)

2) 나의 관심 분야는

하늘바람 : 관심 분야를 대상자별로 본다면 저는 청소년 미술치료에 관심이 많습니다. 학교사회복지 경험을 통해 청소년들을 많이 접했고, 현재도 주로 학교에서 활동을 하고 있기 때문이지요. 청소년기는 아이도, 어른도 아닌 시기라 혼란스럽고 진정 마음을 터놓고 대화할 수 있는 건강한 어른의 존재를 필요로 하지요. 처음에는 예민하고 경계하여 관계를 맺기 어려워 보이는 친구들의 경우에도, 치료사가 자신을 수용해줄 것이라 믿고 신뢰가 생기면 솔직하고 진솔한 대화가 가능해지지요. 때문에 앞으로도 계속 청소년들의 심리, 청소년기의 주요 이슈인 진로탐색, 인터넷 중독, 학교폭력 등에 대해 관심을 갖게 될 것 같네요.

빨간사과 : 저는 많은 아동들을 접하다 보니 부모의 역할이 너무나 중요하다는 생각이 들어요. 또 성인 내담자 중에도 어린 시절에 부모에게 받은 상처로 인해 고통받는 사람들이 많구요. 그래서 가족치료에 저절로 관심이 가게 되었는데, 특히 가족체계가 정말 중요하다는 생각이 들었어요. 대체로 엄마들은 아이를 데려

오면서 아이만 치료하면 된다고 생각하잖아요. 그 뒤에 있는 가족이 더 근본적인 원인인데, 그걸 생각하지 않는 게 참 안타까워요.

특히 우리나라의 부모님들은 아이들을 위해서라면 비용을 지출하며 치료를 하지만, 자기 자신을 위해서는 하려 하지 않잖아요. 그래서 저는 부모교육이나 강의를 할 때마다 아이를 행복하게 하려면 먼저 부부가 서로 사랑하고 행복해야 한다는 이야기를 꼭 하곤 해요.

가족체계

가족원들은 마치 모빌과 같이 서로 연관되어 있으며 하나의 집단으로 작동하게 된다. 가족체계이론(Family System Theory)은 가족을 체계라는 관점에서 이해하는 것으로, 가족구성원들의 개별적인 특성이나 일대일 관계보다는 가족 전체가 살아있는 유기체로서 서로 영향을 주고받는 역동적인 체계를 이룬다고 보는 것이다.

가족체계이론에서는 가족도 다른 사회체계와 마찬가지로 환경과 상호작용하며 발달주기에 따라 변화하는 하나의 체계로 인식한다. 그러므로 가족구성원 중 한 사람이 문제를 가지게 될 때 이를 개인의 문제가 아닌 가족 전체의 역기능으로 이해해야 한다. 따라서 내담자가 가진 문제에 접근할 때 개인만을 대상으로 하는 것보다 그 가족을 실천대상으로 할 경우 치료적 개입의 효과가 훨씬 크다고 할 수 있다.

* 참고 : 가족치료총론(동인, 1995)

녹색클로버 : 저도 가장 관심이 있는 대상은 가족이에요. 특히 부모교육이요. 아동 청소년들은 부모를 떠날 수 없고 매 순간 영향을 받고 있죠. 결국 가족과 부모의 모습은 아이들의 미래와 밀접한 관계가 있다고 생각해요. 그래서 건강하고 행복한 부모들을 세우는 데 관심이 있어요.

보라고양이 : 말씀을 듣다 보니 새삼스럽게 미술치료의 영역이 참 넓다는 것을 다시 인식하게 되네요. 저는 여러 가지 어려움을 가진 다양한 연령대의 내담자들을 만나고 있다 보니 어떤 특정 대상이 관심 분야라고 하기 어려워요. 최근에는 애착과 관련된 어려움을 가진 아동들을 많이 만나고 있어 애착이론이나 아동발달심리, 양육코칭에 대해 특히 관심을 두고 공부하고 있어요. 또 치매주간보호센터에서 5년 이상 집단미술치료를 하다 보니 자연스럽게 노인미술치료에 대해서도 관심을 두게 되네요. 좀 더 치매어르신들이 접근하기 쉬운 매체나 이를 활용한 프로그램 개발에 집중하고 있어요.

빨간사과 : 갑자기 생각난 건데, 죽음을 앞두신 분들을 대상으로 하는 호스피스 미술치료도 참 중요하고 꼭 필요한 일이라고 생각해요. 아직 그 분야가 많지는 않지만 욕구들이 있고 실제 병원에서는 호스피스 미술치료가 진행되고 있기도 하지요.

보라고양이 : 저도 대학원에서 호스피스 미술치료를 하시는 분을 통해 사례를 접하게 되었어요. 호스피스 미술치료는 남아있는 생을 정리하고 죽음을 편안하게 맞이할 수 있도록 돕는 과정이라고 할 수 있어요. 같은 미술치료를 하는 치료사이지만 어떤 분야에서 일을 하느냐에 따라 다른 관점과 목표, 경험을 갖게 되지요. 미술치료를 처음 배울 때에는 막연하게 한정된 대상만을 만나는 줄 알았는데 현장에서 일해보니 그렇지 않았어요.

하늘바람 : 그러네요. 미술치료사들의 활동에 대한 자료를 소개하였으니 참고해보세요. 얼마나 다양한 분야에서 열심히 활동하고 있는지를 새삼 깨닫게 되니까요.

미술치료사의 활동영역

치료 연령	아동, 청소년, 성인, 노인 등 전 연령
치료 대상	정서장애, 부적응 아동 및 청소년, 발달장애, 가정폭력/성폭력 피해자 및 가해자, 행동장애, 정신장애인, 치매환자, 학습장애, 약물중독 등
실시장소	미술치료연구소, 학교, 복지관, 상담소, 정신과 병동, 노인 병동, 청소년 쉼터, 가정폭력/성폭력/성매매 쉼터, 그룹홈, 종교기관, 약물 및 알코올 센터, 내담자의 집 등
주요 업무	상담 및 미술치료, 미술치료 교육, 미술지도, 연구 활동, 기타

* 참고 : 미술치료연구 제16권 제2호(통권 41호)
　　　　한국미술치료학회의 미술치료사 현황 및 발전방향(2009)

3) 나의 심리학적 배경은

녹색클로버 : 제 이론적 배경은 코헛의 자기심리학이에요. 코헛은 어린 시절 자기 행동에 대해 인정받고 칭찬을 받으면 건강하고 자신감 있는 사람이 된다고 했어요. 힘과 지혜를 소유한 어른을 닮으려는 마음이 허용될 때 자존감도 높아진다고 했지요.

　현장에서 자신을 부정적으로 보거나 자기만 생각해 다른 사람들에게 피해를 주는 내담자를 종종 만나게 됩니다. 자기심리학적 미술치료 경험을 통해서 자기에 대해 새로운 안목을 갖도록 도울 수 있다고 생각해요. 내담자들의 자아존중감이 향상되고, 심리적으로 건강하고 활동력 있는 사람으로 성장할 수 있다고 믿고 있어요.

자기심리학

무엇이든 뜻대로 할 수 있다고 믿는 전능적인 환상, 자신들이 애착을 갖는 양육자가 세상에서 가장 강하고 크다는 환상은 영유아기의 일반적인 현상이다. 이를 미숙한 요소로 보았던 프로이트와는 달리, 코헛은 자기애적 특징이 건강하게 발달하면 생명력, 개방성, 창의성의 토대가 된다고 보았다. 코헛은 정상적인 자기애의 발달을 위해 필요한 경험을 이론화하여 자기심리학(Self Psychology)을 창시하였다.

*참고 : 하인즈 코헛과 자기심리학(한국심리치료연구소, 2002)

빨간사과 : 저는 처음 코헛의 이론을 배울 때는 너무 어려워서 그랬는지 그다지 큰 감동이 없었어요.(웃음) 하지만 심리학을 더 공부하고 많은 내담자들을 만나면서 지금은 코헛의 이론에 대해 많이 생각해보게 돼요.

분석심리학

스위스의 정신의학자이자 심리학자인 칼 융에 의해 창시된 분석심리학(Analytic Psychology)을 말한다. 융은 무의식에 개인 무의식과 집단 무의식이 있다고 보았으며, 프로이트와 달리 무의식의 긍정적인 면을 강조하였다. 그는 무의식을 콤플렉스와 원형의 개념으로 설명하고, 더 구체적으로 페르조나(가면), 그림자(자신의 어두운 면), 아니마(남성의 무의식 속에 있는 여성성), 아니무스(여성의 무의식 속에 있는 남성성) 등으로 설명하였다.

"나의 생애는 무의식의 자기실현 역사이다."라고 고백했던 융은 정신치료에만 관심을 기울이지 않고 인간의 정신이 궁극적으로 지향해야 할 목표인 자기실현(self‒realization)을 제시하였다.

'자기'란 의식과 무의식을 통틀어 하나인 그의 전부를 말하며, 진정한 의미의 그 사람 자신을 의미한다. 자기실현은 다른 말로 개성화(individuation)라고 하는데 이는 진정한 개성을 실현한다는 뜻으로, 그 사람 자신의 전부가 된다는 의미이다. 융은 인생 후반기의 과제가 자기실현이라고 주장하면서 모든 개인이 자기실현을 이루게 되면 보다 이상적인 성숙한 사회가 실현될 것이라고 하였다.

* 참고 : 분석심리학(일조각, 1998)

그렇지만 무엇보다도 제가 깊은 감동을 받았던 것은 융의 분석심리학을 처음 접했을 때였어요. 중년기에 접어들었던 저에게 융의 이론은 매우 깊은 인상을 주었고, 그것이 저의 치료적 이론의 배경이 되었지요. 지금은 긍정심리학에 대해서도 관심을 가지게 되었어요. 보다 행복한 삶을 사는 것이 우리 모두의 목표니까요.

긍정심리학

'긍정심리학(Positive Psychology)'이라는 용어는 미국의 심리학자 마틴 셀리그먼이 처음으로 사용했는데, 이것은 불안, 우울, 스트레스와 같은 부정적인 감정보다 개인의 강점과 미덕 등 긍정적인 면에 초점을 맞추는 심리학의 새로운 연구 동향을 말한다.

지난 한 세기 동안 정신의학자들이 인간 심리의 부정적인 면에 집중하여 정신질환이라는 주제에 대해 상당한 성과를 거두었다. 하지만 부정적인 심리 상태를 완화하는 데 치중하다 보니, 삶의 긍정적 가치를 부각시키려는 노력은 상대적으로 소원해질 수밖에 없었다. 긍정심리학은 이에 대해 반성하고 인생의 긍정적인 측면과 마음의 밝은 면을 강화하고 북돋우려는 심리학의 새로운 분야로서, 인간의 긍정적인 정서에 대해 연구하고 개인의 강점과 미덕을 개발하여 일찍이 아리스토텔레스가 말했던 '행복한 삶'을 추구하고자 하는 학문이다.

* 참고 : 긍정심리학(도서출판 물푸레, 2006)

하늘바람 : 저는 인지치료에 관심이 많아요. 합리적으로 접근하려는 인지행동치료의 과정이 마음에 들어서 시작을 했는데 생활에서 사고를 점검하고 행동화하는 과정이 실생활과 밀접하고 체험적이라는 생각이 들어서 점차 더욱 매력적으로 느껴졌어요.

내담자들에게도 적용이 되지만 저 자신의 삶에도 적용이 많이 돼요. 보통 우리는 불안이나 우울 등의 어떤 감정이 발생했을 때 그 원인이 상황이라고 생각하는데, 알고보면 그 상황을 이해하는 우리의 인지가 감정을 유발하는 것이지요. 최근 여러 자기개발서에서 다루는 내용 중에 "생각을 바꾸면 모든 것이 달라진다."
는 내용들이 인지치료의 치료원리에서 출발한 것에요.

만일 탈모로 인해 심각한 우울감을 경험한 사람이 있다고 가정해 볼게요. 우리
는 보통 병원치료를 권하거나 유명한 발모제를 추천합니다. 인지치료에서는 '탈
모'라는 사실보다는 "탈모가 생겨서 내 인생은 끝장이야. 아무도 날 사랑해주지
않을거야."라는 개인의 생각과 해석이 우울한 감정을 불러일으킨다고 설명하고
있어요.

인지치료

1950년대 후반 아론 벡에 의해 창시된 내담자의 비합리적, 부정적 사고나 신념을 변
화시킴으로써 문제나 장애를 치료하고자 하는 이론적 접근이다. 인지치료(Cognitive
Therapy)의 특징은 간결하고 시간 제한적이며 지시적이고, 구체적인 목표에 집중하여 협
력관계를 형성한다. 또한 내담자의 인지내용을 파악하고, 신념과 사고의 타당성을 검증하
여 행동과 사고에 필요한 변화가 일어날 수 있도록 한다. 현재는 우울증, 공황장애, 공포,
불안, 분노 스트레스성 장애, 인간관계 문제, 약물 및 알코올 남용, 섭식장애 등 다양한 분
야에 치료효과를 보이고 있다.

* 참고 : 상담심리 용어사전(양서원, 2008)

보라고양이 : 저는 지금 대상관계이론에 관심을 두고 공부를 하고 있어요. 애착에
어려움을 가진 아동들, 적절한 돌봄을 받지 못하고 양육자와의 긍정적인 관계가
형성되지 못한 아동들을 많이 만나고 있다 보니 더욱 양육자와의 관계맺음에 대
해 관심을 가지게 되네요. 대상관계이론에서는 치료사와 내담자의 '관계' 속에
서 발생하는 일들을 다루고 긍정적인 '대상관계'를 경험하는 것을 목표로 하고
있지요.

처음에는 쉽게 타인을 신뢰하지 못하는 부정적인 아동과의 만남이 쉽진 않았

어요. 이들을 이해할 수 있었던 것은 조금이나마 이론을 알고 있었기에 가능했습니다. 덕분에 안정적이고 수용적인 틀을 제공하고 일관성 있는 치료 분위기를 형성할 수 있었고, 확신을 가질 수 있었지요. 그래도 힘들고 흔들릴 때도 많지만요.(웃음)

저는 아이의 부모님들께 이해하기 쉽도록 대상관계이론이나 가족체계이론, 아동발달이론 등을 교육하기도 합니다. 치료사와의 만남이 종료된 이후, 부모님들의 태도와 대처가 중요하니까요. 결국, 미술치료를 함에 있어서는 한두 가지 이론이 아닌 다양한 이론과 분야에 대한 이해가 있어야 해요.

대상관계이론

프로이트의 이론을 이후의 현대 정신분석학자들이 확장한 것으로서 사람들이 서로 어떤 관계를 맺고 있으며, 이러한 관계를 어떻게 개념화하는가에 주된 관심을 두는 이론이다. 프로이트는 개인의 본능적인 에너지는 어머니, 아버지, 친구 등 개인이 관계를 맺고 있는 사람들에 대한 정신적인 표상인 '대상(object)'에게 투사된다고 설명했다.

대상관계이론(Object Relation Theory)은 프로이트의 이러한 견해를 발전시켜서 타인에 대한 에너지의 투자는 단순히 본능적인 만족을 위한 에너지의 방출을 넘어서며, 특히 여러 가지 대상관계 중 일부분은 한 개인이 자아의 구조를 형성하게 하는 토대가 된다고 본다. 이 이론에서는 일반적으로 일차적인 양육자인 어머니와 성공적인 대상관계를 발달시킨 사람들은 정서적으로 안정된 반면, 그렇지 못한 경우에는 부적응적인 행동이 나타날 가능성이 높다고 설명하고 있다.

* 참고 : 교육심리학용어사전(학지사, 2000)

녹색클로버 : 같은 생각이에요. 미술치료사로서의 정체성을 잃지 않으면서 여러 심리학적 이론을 잘 이해하는 것이 좋겠지요.

빨간사과 : 우리가 만나게 되는 내담자들이 다 다르고 다양한데, 한 가지 이론이

나 하나의 기법만을 주장하는 것은 바람직하지 않을 수도 있다는 생각이 들어요. 여러 이론들을 적용하기 위해서는 결국 공부를 많이 해야 되겠네요.(웃음) 심리 치료라는 분야 자체가 통합적인 접근을 하는 게 좋지 않을까 싶어요. 음악치료나 문학치료, 놀이치료 등 관련된 분야에 대해서 다양하게 공부해보는 것도 도움이 된다고 생각해요.

보라고양이 : 치료사가 자신의 이론적인 배경을 점검하는 것은 매우 중요하지요. 관심이 가는 이론을 책으로 배워 끝내는 게 아니고 실제 임상에서 연관성을 찾아내고 적용하는 것이 중요하다고 생각해요. 때로는 융통성 있게 다른 이론을 가져와서 함께 적용시킬 수 있을 정도로 끊임없이 다양하게 공부해야 할 필요가 있어요. 그것이 곧 미술치료사의 전문성을 위한 노력이라는 생각이 듭니다.

> **tip** 치료사에게 심리학적 배경은 중요합니다. 이론에 따라 심리치료의 목표, 방향성, 기법, 인간에 대한 이해 등이 다르기 때문입니다. 치료사들은 자신의 이론에 뿌리를 두고 임상을 경험하고 진행합니다. 다양한 어려움을 가진 내담자를 이해하려면 여러 이론들을 적절히 이해하고 적용하는 것이 보다 좋겠지요. 때문에 최근에는 많은 치료사들이 하나의 이론만이 아닌 여러 이론을 통합적으로 이해하고 적용하는 입장을 취하는 경우가 많습니다.

3. 미술치료사, 미술치료사를 말하다

보라고양이 : 저는 미술치료사들이 필요한 곳이 많아질 거라 생각합니다. 최근 사회적으로도 심리나 정서를 돌보는 것에 대한 이슈가 늘고 있고 정부에서도 심리정서치료 지원에 대한 인식이 생겨서 관련 제도들이 생겨나고 있지요. 또한 과거에는 아동이나 장애를 가진 대상들을 위한 차원에만 국한되었다면 최근에는 성

인이나 가족을 위한 심리정서지원도 늘어나고 있습니다. 정서나 감정을 이미지화할 수 있고 안전하게 담아줄 수 있는 미술매체를 상담 과정에서 다룰 수 있는 미술치료사의 영역은 점점 넓어질 것이라 생각해요.

하늘바람 : 미술재료들은 종이나 재활용품, 자연물 등 간단하고 접하기 쉬운 재료부터 다루기 어려운 도구와 전문가용품들도 있어요. 재료의 폭이 다양하고 무궁무진하여 어떠한 대상이라도 적용이 가능하지요. 재료가 가벼운 편이고 이동이 가능하기 때문에 다른 치료보다는 장소의 제한이 적어요. 그래서 외부 기관에서 방문상담에 대한 의뢰도 많은 편입니다. 학교나 복지기관, 지역사회 교육시설 등 다양한 기관에서 미술치료실을 개설하고 있거나 미술치료를 진행하고 있지요.

빨간사과 : 지금은 미술치료의 대상으로 아무래도 아동들이 많은 편인데요, 앞으로는 교육 수준이 높은 노인층이 많아지고 문화 예술에 대한 친근감도 높아져 대상의 폭이 넓어질 거라고 생각해요. 따라서 전문적 자격을 갖춘 미술치료사들이 더욱 많이 필요해지겠지요.

녹색클로버 : 현재 한국미술치료학회를 비롯한 몇몇 큰 학회에서 국가공인자격을 추진 중에 있어요. 치료 분야에서 언어치료사가 최초로 국가공인자격을 갖게 되었기 때문에 미술치료사나 다른 분야도 곧 법제화가 되겠지요. 그렇게 되면 미술치료사의 입지가 더욱 공고해질 것이에요.

보라고양이 : 개인적으로 미술치료사의 급여나 처우에 대한 질문을 많이 받고 있는데 관심이 높은 만큼 기대치도 높고 이에 따른 오해도 많은 것을 볼 수 있었어요.

하늘바람 : 보통 치료사들은 정규 직원보다는 프리랜서로 여러 기관에서 급여를 받는 경우가 많아서 개인에 따라 급여나 처우의 차이가 큰 편입니다. 내담자들이 대부분 방과 후나 퇴근 후에 치료실을 방문하기 때문에 오후에 근무를 시작하여 저녁시간까지 진행하는 경우가 대부분이고요. 학교 등의 교육기관은 예산이나 학사일정 등으로 인해 중장기 미술치료보다는 단기나 단회성으로 진행됩니다.

이와 같은 특성 때문에 치료사들 스스로도 프리랜서를 선호하게 된 것 같아요. 시간을 자유롭게 사용할 수 있고 일하는 만큼 급여를 받는다는 특성이 있지요. 저는 최근에 출산을 해서 아기를 돌보면서 주 3일만 일을 하고 있는데, 일을 적게 하는 만큼 급여는 줄었지만 근무 시간과 요일을 조정하며 계속 일할 수 있다는 점이 큰 장점이라고 생각돼요.

빨간사과 : 그런데 요즘에 미술치료사 자격을 쉽게 주는 기관들이 많아서 걱정스러울 때가 있어요. 미술치료는 사람의 내면을 다루는 어려운 일인데도 불구하고, 3개월, 6개월의 짧은 과정을 통해 쉽게 자격증을 따고 전문성 없이 진행하는 사람들이 많은 것은 정말 위험한 문제라고 생각해요.

최소 1,000시간 이상의 수련 과정을 이수하고(한국미술치료학회의 경우 미술치료사는 1,020시간, 미술치료전문가는 1,500시간) 논문과 사례 발표 등 수많은 과정을 거쳐 자격증을 따거나, 또는 석사과정, 박사과정을 통해 학위를 취득한 전문미술치료사들과는 마음자세부터 다를 수밖에 없겠지요.

보라고양이 : 최근 미술치료를 공부하고 실제 임상을 경험해보고자 하는 실습생들이 많아진 것도 사실이지요. 또 자격과정 중 하나로 임상실습 시간이 제시되어 있고 논문이나 연구를 위한 실습, 봉사가 필요한 상황에 있는 분들도 있습니다.

하지만 말씀하신 것처럼 미술치료가 몇 달의 경험을 통해 다 배울 수도 없는 것이고 충분히 훈련되지 못한 상태에서 미술치료사 타이틀을 달고 임상을 혼자 진행하는 것은 결과적으로 본인에게도 좋지 않습니다. 치료에 대한 이해나 계획과 방향, 치료사 자기 점검 등에 대한 체계적인 지도 및 감독 없이는 치료의 질 또한 떨어져 성과에 대한 보람이나 성장을 기대하기도 어렵고 얻는 것보다는 잃는 것이 더 많을 수 있습니다.

지침이나 기준 없이 경험을 쌓아서 경력이 생기면 그 이후에는 결국 잘못된 것을 바로 잡으려 해도 쉽게 바꿀 수 없게 되어 버립니다. 넓게 보면 미술치료의 전문성에 대한 사회적인 인식을 저하시키는 심각한 요인이 될 수도 있어요.

하늘바람 : 저도 정말 안타까워요. 자격이 없거나 충분히 교육을 받지 못한 분들이 현장에 가서서 치료비를 저렴하게 받고 자원봉사처럼 진행하시는 경우가 있는데 전문치료사들에게도 같은 조건을 요구하는 경우가 있다는 것은 문제라고 생각해요. 저는 전문직의 가장 큰 차이는 '정체성'과 '책임성'에 있다고 보거든요. 치료사 스스로가 자신을 전문직으로 인식하고 치료를 하는 것과 그렇지 않은 것은 분명한 차이가 있습니다. 치료의 과정, 결과, 사후관리, 윤리적 자세 등에서 특히 명백하게 다를 수 밖에 없어요.

보라고양이 : 상담 관련 구인, 구직게시판에 종종 올라오는 글을 보면, 다른 치료 분야는 전문 강사를 원하면서 미술치료사는 자원봉사자를 원하는 경우가 있어요. 그럴 때 보면 씁쓸함과 더불어 걱정도 됩니다. 심지어 실습이라는 명목하에 미술치료사들을 다 자원봉사자로 뽑아 임상을 돌리는 경우도 있다고 합니다.

전문치료사들은 그들이 하는 치료에 대한 책임을 져야 하는 의무가 있고 해당 기관에서 주는 보수에 상응하는 결과를 내야 합니다. 전문성을 위해 치료효과의 검증을 노력하고, 개인의 시간과 비용을 들여 교육훈련에 참여하거나 임상감독(슈퍼비전)을 받지요.

물론 경력이 있는 치료사들이라고 해도 100% 만족스러운 결과의 치료를 할 순

없겠죠. 그러나 전문치료사들이라면 사례에서 만족스러운 요인을 발견하려고 애쓰고 차후 같은 실수를 반복하지 않도록 점검과 준비를 하지요. 반면 봉사를 하기 위해 무상으로 치료에 임하는 경우에는 이런 지속적인 노력을 하기에는 한계가 있고 그 필요성에 대해서도 인식을 못하는 경우가 많습니다. 결국 기관에서는 봉사 수준의 치료 결과밖에 얻을 수 없다고 생각해요. 왜냐하면 봉사를 하기 위해 노력한 초보들에게 임상에 대한 책임을 물을 수 없고 본인들 역시 결과에 대해 아무것도 할 수 있는 것이 없기 때문입니다.

녹색클로버 : 사회적인 인식도 그래요. 미술치료를 병원치료처럼 인식하는 분들이 많이 있어요. 당장 효과를 보게 해달라고 초조해하시는 분들도 있고, 주사나 투약같은 '지시적 처방'으로만 생각하는 분들도 많아요. 이 인식을 바꾸는 것도 정말 중요한 일이에요.

하늘바람 : 심리치료 영역은 눈에 보이지 않으니까요. 인간의 내면을 보살피는 것인데 보이는 것만으로 치료사의 전문성을 평가하려고 하는 것은 지양해야 할 것 같아요. 타 분야에 계시는 분이 잘 모르는 상황에서 함부로 평가하실 때가 있어요. 미술치료라는 영역 자체가 더 널리 알려지고 인정받았으면 좋겠어요.

빨간사과 : 미술치료의 장점이 누구나 쉽게 할 수 있다는 것이지만, 그것이 오히려 전문성 없는 치료사가 활동하도록 만든 요인이 되지 않나 싶어요. 누구나 미술치료를 받을 수는 있어도 아무나 치료사가 될 수 있는 것은 아니죠. 이건 정말 함정일 수도 있어요.

보라고양이 : 말씀하신 대로 사회적인 인식이나 치료사의 복지, 자격증의 통합 등 노력해야 할 부분이 많지만, 미술치료사란 타인에게 도움을 주고 스스로에게도

만족을 주는 멋진 일이지요. 다만, '신기하다! 재미있다!' 라는 호기심이나 재미로만 시작하면 힘이 들 수도 있어요. 이론이나 기법도 잘 알아야 하지만 우리 미술치료사는 사람을 알아야 하는 직업이니까요.

하늘바람 : 미술치료는 기법이 전부라고 이해하는 경우가 생각보다 많아요. 1~2년 만에 미술치료를 '다 배웠다'고 하시는 분들이 있는데 당황스러웠어요. 미술치료를 10년 가까이 하고 있지만 '아직도 멀었다', '더 많이 배우고 공부해야겠다'고 생각할 때가 많잖아요.(웃음)

빨간사과 : 그래요. 미술치료사로서 저의 가장 큰 고민은 앞으로도 공부해야 할 것이 끝없이 많다는 것이에요.(웃음) 이론 공부는 물론이고, 임상 경험도 더욱 다양하게 쌓아서 사람에 대한 공부를 더 많이 해야지요. 그렇게 노력한 만큼 미술치료사들이 인정과 신뢰를 받을 수 있게 되기를 바라는 마음이에요.

보라고양이 : 저도 재미있을 것 같아 수강했던 미술치료 강의 하나로 시작해서 학회의 교육, 대학원 석사를 밟는 과정을 지나 지금까지 왔네요. 공부와 배움은 끝이 없는 것 같아요. 자격증을 따고 미술치료사로 일하면서도 자격과정 유지 및 보수교육을 제외한 개인적으로 필요해서 듣는 강의나 워크숍이 점점 늘어나고 있습니다. 읽을 책은 또 왜 이리 많고 봐두면 치료에 도움이 될 영화나 콘텐츠들은 왜 이리도 많은지!(웃음)

녹색클로버 : 공부할 것이 많기 때문에 직업으로서 미술치료사가 더욱 매력 있어요. 또한 저는 남자 치료사라는 희소성이 있어서 더욱 전망이 밝은 것 같아요. 여자 치료사들이 대부분이라 남자 치료사를 원하는 경우도 많고, 우리 나름의 역할이 있어요. 남성분들이 좀 더 많이 참여해보면 어떨까 해요. 외로워요.(웃음)

미술치료사들은 전문성 향상을 위해 다음과 같이 노력하고 있습니다.

1. 교육, 훈련, 연수 등을 참석하거나 학위과정을 통해 지속적으로 학습합니다.
2. 정기적으로 슈퍼비전에 참여하여 사례를 점검하고 모니터링합니다.
3. 보수교육에 참석하여 자격을 유지하고 관리합니다.
4. 학회활동, 콘퍼런스 참여를 통해 다른 전문가들과 교류합니다.
5. 재활용품을 모아두거나 대형 재료상을 방문하는 등 일상생활에서도 다양한 매체를 연구합니다.
6. 영화, 드라마, 책 등에서도 인간심리와 발달에 대한 이해를 높이고 치료의 재료를 발견하고자 노력합니다.

4. 미술치료, 생생한 현장 이야기

1) 미술매체 선택과 기법

앗! 개수대가 막혔어요.

하늘바람 : 이제 미술치료에서 가장 중요한 하드웨어인 매체에 대한 이야기를 해볼까요? 미술치료에서 '재료'라고 하지 않고 '매체'라고 표현하는 것이 처음에 무

척 신선했어요. 단순히 미술재료가 아니라 치료의 '매개체'가 된다는 뜻으로 이해할 수 있어요. 선생님들께서 미술치료 하시면서 매체와 관련해서 웃지 못할 이야기들이 많지요?

보라고양이 : 겉으로 보이는 건 미술매체로 때로는 대화하듯 놀이하듯 쉬워 보이고 재미있어 보이는데 직접 여러 가지 매체들을 다루어보면 정말 사소한 부분에서 실수하거나 결코 재미있지 않은 것들도 경험하게 되죠. 개인적으로 가루 매체를 다룰 때 실수가 많았어요. 석고가루나 밀가루 같은 가루 매체는 개수대를 막잖아요. 그리고 마블링 물감은 변기나 개수대처럼 하얀 곳에 버리면 끝장이죠. 묻어서 지워지지도 않고.

녹색클로버 : 석고가루를 정리할 때 일단 조심스럽게 물과 가루를 따로 버리는 것이 중요하지요. 그리고 저도 마블링 물감 때문에 고생한 적이 있어요. 나중에 찾아보니 신문지로 마블링 물감을 걷어낸 후에 버려야 한다고 해요.

보라고양이 : 정말 뒷정리까지도 치료의 한 부분인 것 같아요. 미술치료사로서 일한지 얼마 되지 않아 생긴 일이 생각나네요. 아동집단 작업을 마치고 손을 씻으러 가는데 화장실이 꽤 멀어서 가는 도중에 아이들이 벽에다가 물감을 잔뜩 묻혔어요. 집단은 잘 마쳤는데도 기관에서는 불편해하셨지요. 이론서에서 왜 치료실 세팅에 대한 강조를 하는지 그제서야 이해가 되었어요. 이런 작은 부분까지도 치료에 영향을 주는 거니까 사전에 명확하게 할 필요성이 있는 거지요. 또 어린 아이들이 유성매직으로 손에 그림을 그렸는데 안 지워져 애먹은 적도 있었죠. 치매 어르신들 중 이식증이 있는 분들이 폼 클레이처럼 맛있어 보이는 것은 드시려고 한 적도 있어요. 내담자의 연령이나 증상 등에 대한 이해를 했다면 이에 맞는 매체를 준비했을 텐데 말이죠.

빨간사과 : 저도 전에 정신과 병원에서 집단미술치료를 할 때 어떤 분이 물감을 드시려고 했던 적이 있었어요. 또 아이들은 플레이콘을 엄청 먹고 싶어 하지요. 냄새도 고소하잖아요.(웃음) 색소금 활동을 할 때에도 아이들은 자신들이 만든 고운 색의 소금을 먹어보고 싶다고 하는 경우가 많아요.

녹색클로버 : 먹물 작업하다가 아이들이 먹물을 빨대로 빨아 마셔서 얼굴이랑 입이 시커멓게 되어버린 적이 있어요. 옷 같은데 묻고 안 지워져서…. 뒷정리가 힘들었었죠. 지금은 미리 테이블과 바닥에 일회용 식탁 커버를 깔아놓지요. 시작할 때 주의 사항을 반복해서 알려주면 효과가 있어요.

보라고양이 : 예전에 환기가 잘 되지 않는 장소에서 밀가루를 가지고 작업을 했는데 가루가 고우니 탐색하는 과정 중에 밀가루가 뿌옇게 날아다니더라구요. 환기가 안 되니 참 당황했었어요. 천식이나 호흡기와 관련하여 아이들에게 안 좋을 수 있으니 이를 고려했어야 하는데 말이에요.

　꽃소금을 사용했는데 마룻바닥에 끼고 난리가 나서 작업시간보다 뒷정리 시간이 더 오래 걸린 적도 있었어요. 미술치료실에서 하는 경우는 괜찮지만, 장소가 치료실이 아닌 경우에는 치료사가 뒷정리까지 고려해야 할 것 같아요. 이후 치료 시간이나 일정에 영향을 미칠 수도 있으니까요.

빨간사과 : 전에 찰흙 던지기를 했는데, 5~6학년 남자아이들 힘이 장난이 아닌 거예요. 애들이 힘껏 던지니까 찰흙이 천장이랑 벽에 튀기 시작하는데, 어휴! 정말 당황스러웠어요. 천장을 어떻게 닦아요.(웃음)

녹색클로버 : 저도 찰흙 던지기 때문에 비닐을 가져갔는데 다 찢어져서 제대로 쓸 수가 없었던 적이 있어요. 또 점토가 질고 말랑한 것은 더 많이 묻고 지저분해지

니까 고려해야겠더라구요.

보라고양이 : 그럼 지점토나 데코점토처럼 좀 딱딱한 점토를 사용하는 것이 좋겠어요! 너무 질고 말랑하면 지저분해지기도 하고 쉽게 퇴행을 일으킬 수 있어 조절이 힘들 수도 있으니까 말이죠. 또는 비닐이 아닌 다른 매체가 제공되었더라면! 아이들이 점토에 다양한 감정을 담아 던지고 할 터인데 그러한 감정을 충분히 받쳐줄 수 있는 상징적인 의미의 튼튼한 매체가 더 적합했을 것 같아요.

빨간사과 : 하지만 딱딱한 점토는 찰흙이나 도자기 흙과는 촉감이나 던질 때의 느낌이 많이 다르잖아요. 치료 장소의 특성을 고려해서 사용해야 하겠지요.

하늘바람 : 미술 도구 중에 위험한 것들도 많아요. 가위나 칼, 글루건, 우드락 커터기 같은 것들이요. 아이들도 종종 다치지만, 저도 제법 큰 화상 흉터가 있어요. 치료사들은 아이들과 치료사 자신의 안전에 유의해야 해요. 바느질하다가 바늘에 찔리기도 하고. 지금도 치료실에 밴드와 연고 등 상비약을 놓고 종종 활용하죠.(웃음)

보라고양이 : 저는 미술치료 수련과정 때 도구를 잘못 준비한 적이 있어요. 가위로 안 잘리는 재료였는데 가위를 준비해 아이들이 못 자르고, 풀이 안 나와서 당황한 적도 있고, 색연필이나 크레파스도 색이 없어서 아이들끼리 다투기도 하고… 정말 웃지 못할 경험이었죠. 그래서 치료사는 사용할 도구(크레용, 가위, 연필심 등)에 대해 미리 점검하는 것이 꼭 필요합니다. 이는 치료적인 의미도 갖고 있어요. 치료사나 치료실 모든 것이 내담자가 느끼기에 일관성이 있고 예측 가능하며 안전해야 하는데 매번 달라지는 매체의 종류나 예상 못한 일들이 생기는 것은 치료에 방해가 되는 요인이 됩니다. 또 나오지 않는 풀이나 부족한 드로잉 재료 등

은 내담자의 창조성을 낮추고 심지어 존중받지 못한다는 느낌을 줄 수도 있습니다. 그래서 치료사들은 자신이 사용하는 미술매체들을 늘 확인하고 잘 정리하는 습관을 길러야 합니다.

그때그때 달라요.

녹색클로버 : 처음 미술치료를 배울 때는 어떤 대상에 어떤 기법이 적합하다고 배웠었지만 현장에서는 다를 때가 있다는 것을 종종 경험하게 돼요.

보라고양이 : 제 경우는 활동기법이나 주제가 내담자에게 맞지 않았던 적도 있어요. 어르신들 같은 경우는 신체본뜨기 같은 작업을 하면 시체 같다고 싫어하는 경우도 있어요. 탈 같은 경우도 귀신 얼굴 같다고 착용하시기를 거부하기도 하시고요. 노인 심리치료 과정에서 죽음은 필요한 주제이지만 조심스럽게 접근해야겠어요.

빨간사과 : 아, 오히려 어르신들이 죽음에 대한 거부감이 더 강할 수도 있다는 거죠. 죽음에 관한 이야기가 나왔으니 말인데, 어느 지역자활센터에서 있었던 경험이 생각나네요. 자신의 남은 생이 3개월 시한부라고 생각해보고 죽기 전에 꼭 하고 싶은 일들을 표현해보시라고 했더니, 한 분이 화를 내시는 거예요. 잘 살아보려고 나왔는데 희망을 주어야지, 왜 이런 주제로 작업을 하게 하냐구요. 아시겠지만 자활센터가 저소득층의 자립과 자활을 지원하는 기관이라서 다들 어려움을 겪으신 분들이잖아요. 살짝 당황했지만 웃으면서 어려운 주제이긴 해도 한 번 해보시라고 설득을 했지요. 그런데 이 작업을 마친 후 sharing을 할 땐 모두들 마음이 찡-한 시간이었어요. 작은 일로 마음이 상해서 몇 년 째 연락을 끊고 지내왔던 동생한테 오늘 저녁에 당장 연락을 해야겠다고 하는 분도 있었고, 이혼한 남편과 아이들을 만나게 해주겠다고 하며 눈물을 흘리는 분도 계셨지요. 아픔을 지

닌 분들이라 무거운 주제에 대한 거부감이 있었지만, 마치고 나서는 오히려 더 감동이 컸던 것 같아요.

하늘바람 : 지적장애 성인 대상으로 계란화 기법을 실시한 적이 있는데 계란에서 후라이가 나오는 그림을 그리셨어요.(웃음) 옆에 후라이팬 그리시고…. 계란화는 소망을 표현하는 은유적인 기법이잖아요. 표현이 제 의도와 달라서 깜짝 놀랐었죠. 이분들께는 은유적이고 상징적인 작업보다는 구체적이고 명확한 작업이 더 좋겠다는 것을 깨달았어요.

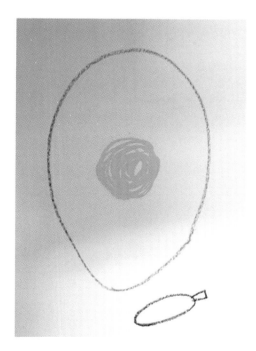 

▲ 성인 지적장애 내담자가 그린 〈계란화〉입니다. 〈계란화〉라는 기법의 특징을 이해하는 데 어려움을 보이며 계란 프라이와 프라이팬을 그렸습니다.

▲ 20대 초반 여대생의 그림입니다. 계란 안에 살고 싶은 집, 갖고 싶은 옷과 키우고 싶은 강아지를 그렸습니다.

보라고양이 : 치료사가 경험하고 알고 있는 만큼 내담자에게 영향을 미치는 것 같아요. 예측 불가능한 경우도 있으니 많은 준비와 경험이 필요하다고 생각해요.

미술치료와 매체

미술치료에서 미술매체(medium)는 필수적인 도구이다. 미술매체는 내담자의 자기표현에 많은 영향을 주며 심리 상태를 강화하거나 약화할 수도 있으므로, 적절한 매체의 선택과 활용은 치료에 큰 영향을 미치게 된다. 내담자가 어떤 재료를 선호하며 더 많은 표현을 하는지 탐색하는 것은 매우 중요하며, 내담자의 심리적 특성을 알 수 있는 계기가 된다. 그러므로 미술치료사는 다양한 매체의 특성과 사용 방법, 장단점 등에 대한 풍부한 지식과 경험을 가지고 있어야 한다.

미술매체를 선택할 때 반드시 고려해야 하는 두 가지 중요한 점은 촉진과 통제이다. 일반적으로 높은 통제력을 지닌 매체들은 충동적 성향을 통제할 수 있으며, 반대로 젖은 점토나 물감 등은 퇴행을 촉진시킬 수 있는 매체로 사용할 수 있다.

미술치료사는 미술매체의 특성과 활용 방법에 대해 끊임없이 탐구하는 자세를 가져야하며, 내담자의 성향에 따라 어떤 효과를 낼 수 있는지를 고려하여 적절하게 미술매체를 선택하고 사용할 수 있어야 한다.

* 참고 : 매체경험을 통한 미술치료의 실제(시그마프레스, 2008)

미술매체의 특성

젖은 점토	그림 물감	부드러운 점토	오일 파스텔	두꺼운 펠트지	콜라주	단단한 점토	얇은 펠트지	색연필	연필
1	2	3	4	5	6	7	8	9	10
낮은 통제 ←								→ 높은 통제	

출처 : Landgarten(1987)

2) 치료 세팅과 과정

미술치료 환경

미술치료 시 치료의 효과를 얻기 위해서는 적절한 환경구성이 필요하다.

미술치료실의 크기와 공간을 포함한 치료실 환경의 설정은 미술치료에 있어서 매우 중요하며 크기는 규정하는 데 어려움이 있으나 미술치료의 유형별 접근에 따라 달라질 수 있다. 이러한 점을 고려한 적당히 넓은 공간, 충분한 채광, 미술매체와 도구 등을 갖추면 된다. 조용하고 비밀을 유지할 수 있는 공간, 내담자가 편안하다고 느끼는 공간이면 가능하다.

* 출처 : 미술치료 이론과 실제(양서원, 2008)

어디에 앉을까?

하늘바람 : 선생님들은 치료할 때 자리배치를 어떻게 하세요? 저는 이것도 궁금하던데.

빨간사과 : 여러 이론서에서 보면 개인치료를 할 때는 90도 각도로 옆에 앉는 것이 좋다고 해요.

녹색클로버 : 도와주는 것도 그게 훨씬 수월하죠. 내담자가 주로 사용하는 손에 따라 자리를 정해요. 왼손 쓰는 아이일 수도 있으니까요.

하늘바람 : 아이가 앉은 다음에 제가 90도 각도의 자리에 가서 앉았더니 아이가 맞은편으로 옮겨간 적이 있어요. 치료사가 앉은 다음 아이들이 원하는 자리를 선택하도록 하는 것이 좋을 수도 있어요. 사람마다 선호하는 심리적 거리가 다르니까요.

보라고양이 : 간혹 산만하거나 충동적인 아이들은 문을 열고 나가버리는 경우도 있지요. 그런 상황을 대비해서 제가 문 쪽에 앉은 적도 있어요. 때론 시계가 제 눈에 들어오는 곳에 앉기도 해요. 티 안 나게 볼 수 있는 자리.(웃음)

녹색클로버 : 책에서 나온 내용과 실제 현장 치료는 다를 수도 있겠네요. 그런데 개인치료 말고 집단치료 시에는 자리배치를 어떻게 하세요? 저는 집단치료 할 때는 앉지 않고 계속 서 있어요.

빨간사과 : 저는 집단치료를 진행할 때에도 일단 제 자리를 잡고 시작을 해요. 그리고 활동시간 중에는 적절히 이동을 하죠.

보라고양이 : 일단은 전체를 가장 잘 볼 수 있는 위치에 치료사가 앉고 그 외에는 집단원들이 자유롭게 선택할 수 있도록 하고 있어요. 자리 선택 역시 의미가 있을 것이고 치료사의 자리가 정해져 있는 것이 참가자들에겐 안정감을 줄 수도 있어요.

상담시간 지키기

보라고양이 : 자리배치 이외에도 신경 써야 할 것들이 있죠! 그중 상담시간을 지키는 것은 아이들에게는 신뢰, 규칙과 연관이 있으니 중요한 것 같아요.

빨간사과 : 상담시간을 지키는 것이 진짜 어렵죠. 내담자가 아동일 때뿐만 아니라 어른일 경우에도 그래요. 정해진 시간이 넘었는데도 계속 이야기를 하려 하는 분들이 많죠. 일반적으로 10분 정도로 끝내야 하는 부모상담의 경우는 더더욱 단호하게 끊기가 쉽지 않아요.

보라고양이 : 간혹 상담시간이 정말 타이트하게 진행되는 날에는 한 사람이 조금이라도 늦게 나가면 계속 뒤에 상담이 밀려버려요. 제일 좋은 것은 시간적인 여유를 두고 상담을 진행하는 것이지만, 뒤의 상담까지 영향을 미칠 정도로 시간을 넘기는 것은 치료사에게나 내담자에게나 좋지 않은 영향을 끼치는 것 같아요.

하늘바람 : 저도 처음에 시간 지키기가 가장 어려웠어요. 종료시간만 되면 핵심문제를 이야기하며 치료시간을 늘리는 내담자도 있었지요. 시간 지키기도 치료의 일부인데 말이에요. 당시에 시간이 되면 일단 자리에서 일어나서 마무리를 하는 방법을 선택했었지요. "시간이 다 되어서 다음 시간에 이어서 말씀 나눌게요."라고 이야기하면서요. 제일 좋은 것은 처음부터 시간에 대해 명확히 공지하고 충분히 안내를 하는 것이에요. 시간을 지키는 것이 왜 중요한지를 내담자가 이해하고 자발적으로 지키도록 돕는 것이 중요해요.

보라고양이 : 시간개념이 없는 아이들의 경우는 설명을 해줘도 이해를 잘 못할 때가 있어서 시간을 알려줄 때 애매한 경우가 있어요. 그런 아이들은 대기실에 잘 볼 수 있도록 분과 초가 보이는 시계를 놓고 "숫자가 0이 되면 들어오는 거야."라고 미리 알려주고 있어요. 조금씩 아이들 스스로가 시계를 보려고 신경을 쓰고 몇 번 연습 이후에는 누군가 알려주지 않더라도 혼자 시간이 되면 입실하는 변화가 있었습니다.

빨간사과 : 치료시간이 안 되었는데 미리 들어오는 아이들도 있잖아요. 정리하고 준비할 시간이 필요한데, 쉬는 시간에 먼저 들어오면 그것도 참 난처하더라구요.

녹색클로버 : 저는 다섯 시 상담인 아이가 매번 네 시 반에 왔는데, 마침 항상 시간이 비어서 오자마자 해주곤 했었죠. 그런데 어느 날 네 시에 다른 상담이 잡혔는

데, 이 아이가 네 시 반에 와서 바로 진행을 할 수 없게 되자 무척 화를 냈었어요. 내담자 입장에서는 그럴 수도 있겠구나 하는 생각이 들었어요.

아주 사소한 것 같지만 내담자와 시간 약속을 지키는 것은 신뢰를 세우는 가장 기본적인 약속이지요. 그때의 경험을 통해서 상담 세팅에서 시간 약속은 상대방을 존중하는 치료사의 태도이며, 서로 더 좋은 관계와 신뢰를 쌓는 지름길이라는 것을 알게 되었습니다.

보라고양이 : 제가 상담을 받아보니까 내담자의 입장이 이해가 되었어요. 끝날 시간을 봐가며 깊은 이야기를 조절하느라 힘들었어요.(웃음) 그래도 끝나는 시간이 정확한 게 불안하지 않아요.

녹색클로버 : 정시에 시작하고 끝나는 것이 제일 좋겠어요. 내담자 입장에서 '내 시간'이라고 생각했는데 그 시간이 왔다 갔다 해버리면 혼란스럽겠죠. 빼앗긴 기분도 들 것이고. 변수가 생길 때는 확실하게 시간을 알려줄 필요가 있겠네요.

치료에서 경계를 설정하기

경계(boundary)는 치료가 전문적인 서비스가 되게끔 돕는 하나의 틀이라 할 수 있다. 이 틀에 대한 약속을 지켜나갈 때 건강한 치료 결과를 기대할 수 있다. 일상적인 관계에서 사람을 돕는 것과 가장 큰 차이가 경계의 유무이기도 하다. 설정해야 할 경계에는 시간약속, 치료비, 이중관계, 치료사의 사생활 보호, 외부에서의 만남 등이 있다.

* 참고 : 미술치료학(학지사, 2010)

뒷정리는 누가 하나요?

하늘바람 : 뒷정리를 아이들에게 하게 하는 것이 치료적 효과가 있는지에 대해 고민해보신 적 있으세요? 저도 종종 뒷정리를 내담자에게 하게 하는데 자신이 작업한 것을 직접 정리하게 하는 것이 치료적인지 고민해보게 되어요.

보라고양이 : 내담자들에게 정리를 하게 할 때 장단점이 있을 것 같아요. 개인분석(개인상담)을 받을 때 작업한 것을 제가 정리를 하니까 좀 번거롭고 불편하다고 느껴지더라구요.

녹색클로버 : 저는 마지막 전체 정리를 같이 해요. 그리고 대부분은 같이 하지만, 집단의 경우는 한 사람씩 돌아가면서 하도록 하기도 하죠.

빨간사과 : 제 경우는 집단의 회기마다 반장과 부반장을 정하도록 했더니 아이들이 자발적으로 책임감 있게 뒷정리하는 것을 볼 수 있었어요. 평소에는 제멋대로인 것 같던 아이들도 일단 자신에게 책임이 주어지니까 달라지는 모습을 보이더라고요.

보라고양이 : 저는 이것도 내담자들마다 다를 것 같아요. 아이들마다 정리에 대해서 다른 의미로 받아들이니까요. 제 경험과 마찬가지로 어떤 아이는 정리가 귀찮아서 작업을 하지 않는 경우도 있었어요. 정리에 대한 번거로움이 작업에 제한점이 될 수도 있는 것 같아요.

하늘바람 : 발달장애 아이들은 스스로 하게 하는 훈련도 필요하죠. 아이들을 위해서 정리를 하도록 하는 경우도 있지만, 치료사의 편의를 위해서 하는 경우는 지양해야 할 것 같아요.

보라고양이 : 결국 중요한 것은 내담자를 위해 어떤 것이 더 필요한지에 대한 치료사의 고민에 의한 결정이겠지요.

또 다른 고민들

보라고양이 : 임상기관에 따라 치료사가 케이스의 수를 정하기가 어려운 경우가 있죠. 전 요즘 하루에 만나는 아이들이 너무 많은 것 같아요. 그리고 치료사에게는 준비하고 정리할 시간이 필요한데, 그런 시간 없이 다음 상담 시간이 되어버리지요.

빨간사과 : 정말 시간 차가 있어야 한다고 생각해요. 미처 회기 기록을 할 틈도 없이 바로 다음 치료가 시작되어서 생생하게 기록하지 못할 때도 있어요. 치료사에 따라 다르지만 제 생각에는 하루에 4~5케이스가 가장 적당하고 쉬는 시간도 30분 정도면 좋겠어요.

하늘바람 : 치료일지는 치료사 선생님들의 가장 큰 고민거리 중의 하나예요. 기관에 소속되어 있는 경우 일지는 공유되기도 하기 때문에 윤리적 고민도 있고, 잘 써야 한다는 개인적 부담도 있어요. 또한 정해진 기한 내에 제출을 해야 하는 경우도 있어서 이럴 때는 압박감이 대단하지요.

저에게 일지는 치료의 방향성이나 목적, 목표를 잃지 않게 해주는 소중한 자산이에요. 일지에는 그날 내담자의 언어적/비언어적 태도, 치료사의 반응, 작업과정과 결과, 치료적 의미, 추후 계획, 부모상담 내용 등을 기록하게 되지요. 내담자와의 만남이 보통 주 1~2회로 이루어지기 때문에 이 만남을 다음 시간으로 연결하기 위해서는 일지가 가장 중요한 역할을 해요.

보라고양이 : 세션에 대한 기록은 꼭 필요하고 중요하지만 기관의 요구로 인해 과

한 양식에 맞추어 쓰다 보면 누구를 위한 일지인가 하는 생각도 들어요.

녹색클로버 : 보여주기 위한 경우도 있죠. 관련 기관에서 그 윗선에 제출해야 하는 경우도 있으니까요. 그래서 담당자들이 "일지 좀 잘 써주세요."라고 할 때가 있어요.

하늘바람 : 일지는 치료의 과정을 점검하고, 개입을 평가하고, 치료전후를 비교하는 자원이 되기도 해요. 치료사 스스로도 자신을 평가하지만, 기관 입장에서는 일지를 통해 치료사를 평가할 수도 있는 것이지요. 치료비를 받고 일하는 전문가로서 평가를 피할 수는 없다고 생각해요. 전문성을 발휘하여 일지를 기록하는 것도 우리 '업무' 중의 하나이니까요.

보라고양이 : 사진촬영에 대해선 어떠세요? 기관에서 활동사진을 요구하는 경우가 있는데 어떻게 하세요? 활동사진을 요구해서 아이들 얼굴을 찍고 그대로 제출할 때도 있어요.

빨간사과 : 사진 찍는 것을 무척 싫어하는 아이들도 있어요. 다른 선생님이 들어와 사진을 찍으려 하면 작업을 열심히 하다가도 얼굴을 숨기거나 자리를 이탈하는 경우도 있고. 그런 경우 치료 활동에 명백히 방해가 되지만, 그래도 기관에서 필요한 일이라고 하니까 무조건 안 된다고 거절할 수도 없어서 고민스러울 때가 있지요.

하늘바람 : 미술치료나 상담 세션에서 활동사진을 찍는 것이 민감하고 조심스러운 부분이라 최소한만 찍거나 사전 양해를 구할 수 있도록 조율되면 좋을 텐데요. 그렇지 않은 경우가 많아서 종종 당황했지요. 학교로 방문상담을 갔을 때 독립된

공간이 준비되지 않아서 담당 선생님이 근무하는 열린 공간이나 교무실에서 진행을 해달라고 하는 경우도 있었어요. 모든 소리가 밖으로 퍼져나가거나, 선생님들이 계속 왔다 갔다 하고, 전화벨이 계속 울리고, 심지어는 대기 아동들이 진행 중인 장소에서 대기하며 방해하는 경우에 대한 이야기도 들어봤어요.

보라고양이 : 의외로 이런 문제들이 치료가 진행되고 나서 발생되는 경우가 많죠. 이는 어떻게 생각해보면 미술치료에 대한 오리엔테이션이 사전에 충분히 되지 않아서 일 수도 있어요. 치료 진행 이전에 기관에서의 치료사 역할, 공간의 문제, 사진을 찍는 것 등 작은 부분까지도 협의를 할 수 있어야 합니다. 또한 이러한 사전협의가 지켜지지 않으면 치료는 고려되어야 하지요.

하늘바람 : 맞아요. 사전 오리엔테이션이 중요해요. 지금 이야기한 내용들은 치료의 결과에 중요한 영향을 주는 세팅과 비밀보장 같은 윤리적 문제를 포함하고 있어요. 심리치료나 상담에 대한 기본적인 이해가 전제되어야 하기 때문에 담당자나 담당 기관과 처음부터 명확하게 해야 해요. 중간에 협의하기는 무척 어렵고 협의할 기회조차 없는 경우도 많으니까요.

제가 치료를 시작하기 전에 담당기관과 협의하는 내용은 다음과 같아요. 이렇게 사전 세팅을 하기까지 많은 시간이 걸렸어요. 중요한 팁을 드리자면 의뢰를 받을 때 공문이나 이메일로 받아서 문서화시켜 놓는 것이 좋아요. 치료를 다 마치고 나서 갑자기 협의내용이 달라지거나 서로 다르게 이해하는 경우가 발생할 수 있기 때문이에요.

- 기관측 담당인력 확인(담당부서, 담당자 성명, 담당자 개인 연락처 및 메일주소)
- 기관측 의뢰목적 확인
- 치료일정(기간, 요일, 시간)
- 치료형태(집단, 개인, 가족)
- 치료대상(연령, 학년, 성별, 인원, 의뢰사유, 특성 등)
- 치료장소(독립된 공간, 비밀유지 가능여부)
- 재료준비(재료는 누가 준비하는지 확인)
- 치료일지(제출방법, 제출기한, 보관 및 비밀보장)
- 예산(치료비, 재료비, 검사비 등)

하늘바람 : 기관에 소속되어 활동하는 경우, 치료사들도 기관의 일원이 되고자 노력할 필요가 있어요. 치료사들은 직업 특성상 개인주의가 강하거든요. 치료사가 소속된 기관의 설립목적이나 목표, 해당 사업을 이해하는 것, 기관 내의 위계질서를 이해하고 관리자를 존중하는 것, 기관의 다른 전문가들과 관계를 형성하고 사례를 함께 이해하기 위해 노력하는 것 등은 중요한 업무와 자질이라고 생각해요.

치료사와의 관계가 참 어렵다고 하시는 담당자들을 만난 적이 있어요. 기관 내 모든 직원들이 함께 청소하는 날, 자신은 치료사이기 때문에 청소를 할 수 없다고 주장하거나, 치료비를 받지 않는 사례회의를 왜 참석해야 하는지 묻거나 하는 경우가 있다는 이야기를 들었는데 같은 치료사로서 그러한 부분은 이해가 되지 않았어요.

우리가 기관 측에 요청하고 주장해야 하는 부분도 분명히 있지만, 우리가 지키고 수행해야 할 일도 분명히 있어요.

보라고양이 : 치료사의 개방문제에 대해서는 어떻게 생각하세요? 전화번호 교환이나 이런 문제들요. 요즘은 휴대전화 메신저가 있어서 바로 상대방의 사진을 볼 수 있잖아요. 의도하지 않게 사생활이 노출되는 경우가 있어요.

빨간사과 : 물론, 위기상황에서는 치료사의 연락처를 공개하고 바로 개입할 수 있도록 조치해야 하지만, 그렇지 않은 경우에는 부담스러운 것이 사실이지요.

하늘바람 : 청소년들의 경우에도 연락처를 공개하는 것이 도움이 될 때가 있어요. 치료사에게 지나치게 일상적으로 연락을 하는 것에 대해서는 사전에 교육을 해야겠지만요.

경조사 등을 내담자분들께서 참석하고 싶어 하는 경우도 있었어요. 경조사를 오게 되면 치료사가 부의금을 받게 되잖아요. 이것도 추후 치료에 영향을 줄 수 있으니 기관 측에서 규칙을 정해서 내담자분께 교육을 하거나 안내하는 것도 좋은 방법 같아요.

치료사 윤리강령 제2장, 사회적 책임

가. 사회와의 관계
(1) 미술치료사는 사회의 윤리와 도덕기준을 존중하고, 사회공익과 자신이 종사하는 전문직의 바람직한 이익을 위해 최선을 다한다.
(2) 미술치료사는 경제적 이득이 없는 경우에도 자신의 전문적 활동에 헌신함으로써 사회에 공헌한다.
(3) 치료비용은 내담자의 재정상태와 지역성을 고려하여야 한다. 책정된 상담료가 내담자에게 적절하지 않을 때에는, 가능한 비용에 적합한 서비스를 받을 수 있는 방법을 찾아줌으로써 내담자를 돕는다.

* 출처 : 한국미술치료학회 미술치료사 윤리강령

치료사 윤리강령 제4장, 치료관계

가. 이중관계

　(1) 미술치료사는 객관성과 전문적인 판단에 영향을 미칠 수 있는 이중관계는 피해야
　　　 한다. 가까운 친구나 친인척 등을 내담자로 받아들이면 이중관계가 되어 전문적
　　　 성과를 기대할 수 없으므로, 다른 전문가에게 의뢰하여 도움을 준다.

　(2) 미술치료사는 내담자와 치료 이외의 다른 관계가 있다면, 특히 자신이 내담자의
　　　 상사이거나 지도교수 혹은 평가를 해야 하는 입장에 놓인 경우라면 그 내담자를
　　　 다른 전문가에게 의뢰한다. 그러나 다른 대안이 불가능하고, 내담자의 상황을 판
　　　 단해 볼 때 관계형성이 가능하다고 여겨지면 관계를 유지할 수도 있다.

　(3) 미술치료사는 특별한 경우를 제외하고는, 내담자와 치료실 밖에서 사적인 관계를
　　　 유지하지 않도록 한다.

　(4) 미술치료사는 내담자와의 관계에서 치료비 이외의 어떠한 금전적, 물질적 거래관
　　　 계도 맺어서는 안 된다.

* 출처 : 한국미술치료학회 미술치료사 윤리강령

3) 작품의 완성도

꼭 완성을 해야 하나요?

하늘바람 : 저는 작품의 완성도에 대한 여러 선생님들의 생각이 궁금해요. 치료사
들 입장에서 고민해볼 만한 쟁점이 아닐까요?

녹색클로버 : 저는 완성도보다는 과정이 더 중요하다고 생각해요. 과정 안에서 충
분히 경험하는 것이 중요하고 강박적인 아이들은 완성보다는 과정을 더 중요하
게 여길 필요가 있지 않을까요?

빨간사과 : 하지만 평소에 성취감을 많이 경험하지 못했던 아이들의 경우에는 또 한 번 실패의 경험을 줄 수도 있지 않을까요? 책임감이 부족하고 쉽게 싫증을 내는 아이들의 경우는 성취의 경험이 중요할 것 같아요.

녹색클로버 : 책임감이 없는 아이들은 완성이 필요할 것 같고 강박적이고 성취감 중심으로 활동하는 아이들은 과정이 더 중요할 것 같고.

보라고양이 : 노인이나 자존감이 낮은 아이들의 경우는 완성 중심의 작업을 할 때 만족도나 성취감이 커지고 참여 동기도 높아지는 것을 보았습니다. 치료사가 여러 기법과 매체를 잘 알아야겠지요. 그리고 시간 내 작업을 완성하는 것에 대해서는 어떻게 하고 있으세요? 치료사는 다음 시간에 또 작업을 이어서 해도 된다는 것을 알고 있지만 아이들은 예상하지 못했으니까 완성하지 못할 것 같아서 당황하고 두려워하는 경우도 생겨납니다.

녹색클로버 : 저는 그래서 미리 아이들에게 얼마나 시간이 걸리는지 이야기를 하는 편이에요. 그러면 스스로 조절해서 작업을 할 수 있으니까요.

보라고양이 : 집단에서도 시간을 미리 알려주는 것이 필요합니다. 언제까지 해야 하는지 마무리할 수 있도록 알려주는 것이 효과적이더라구요. 그리고 저는 매체에 대해서 아이들이 선택했을 때 소요될 수 있는 시간을 알려줘서 스스로 선택할 수 있게 해주고 있습니다.

빨간사과 : 개인인 경우는 가능한데, 집단인 경우는 또 어려울 때가 있어요. 아이들마다 속도가 다르니까 다 완성했는데 혼자만 못해서 힘들어하는 아이들도 있거든요. 조급하고 참을성 없는 아이들의 경우는 2~3회기에 걸쳐서 작업을 마무리하는 것도 좋은 훈련이 되는 것 같아요.

하늘바람 : 저는 발달에 따라 완성도가 달라져야 하지 않을까 생각해요. 큰 아이들은 완성도를 좀 더 추구해도 괜찮을 거 같고, 영유아는 좀 더 놀이와 탐색 중심으로 하면 좋을 것 같아요. 최근에는 저도 완성도를 추구하는 것을 고민해보게 되는데, 완성도에 초점을 두니까 심리적인 과정이나 흐름을 놓치게 되는 경우가 있어요.

녹색클로버 : 그러다 보면 이게 치료인가 미술 활동인가 하는 생각이 들기도 해요. 완성하는 것은 학원에서도 할 수 있는 것이니까요.

빨간사과 : 이것도 치료사 생각대로만 할 수 있는 게 아니고 집단원들의 협조(?)가 필요한 것 같아요. 예전에 동료 치료사가 노인 집단 프로그램을 진행할 때 명상이나 자기탐색 작업에 초점을 맞추었더니, 어르신들이 "이런 것 좀 하지 말고 뭐 좀 더 근사한 것을 만들자고!" 라며 불만스러워하시더래요.(웃음)

녹색클로버 : 3년 전에 집을 만드는 작업을 했는데 7주가 걸렸어요. 아이가 자기가 완성해놓고 나서는 무척 마음에 들어 했고 실제로 생활에서도 영향이 있었다고 해요. 학교에서도 선생님이 무척 놀라워할 정도였구요. 원래 그 친구는 한 회기에 아무것도 못하거나 재료를 그대로 올려놓고 끝내는 경우도 있었거든요.

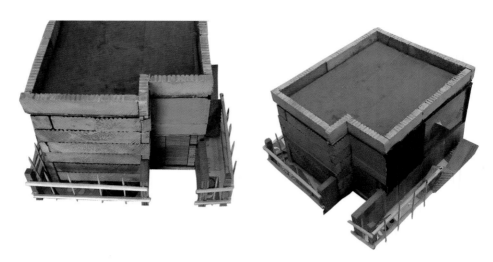

▲ 중학교 1학년 남학생이 나무를 활용하여 7주 동안 만든 작품입니다. 소극적이고 자기 표현을 어려워하는 학생이었는데 이 작업을 계기로 큰 성취감을 느껴 이후 생활 태도에 영향을 받았습니다.

하늘바람 : 저도 대형작업이나 프로젝트 작업의 완성여부가 아이들에게 정말 큰 성공경험이고 성취감이라는 것에 동의해요. 요약해보면 내담자의 발달과 연령, 집단인지 개별인지의 여부, 대상자의 특성 등에 따라 치료사가 유연성을 가지고 작품완성도를 조절할 필요가 있는 것 같네요.

> tip ● 작품의 완성도는 상황과 내담자의 특성에 따라서 다르므로 치료의 목표는 이를 고하여 적용되어야 합니다. 내담자의 발달과 연령, 집단인지 개별인지의 여부, 대상자의 특성 등에 따라 치료사가 유연성을 가지고 완성도를 조절할 필요가 있습니다.

4) 작품의 보관

작품보관을 어떻게 할 것인가?

하늘바람 : 오래된 작품이 점점 쌓여가서 지금 진행 중인 아이들의 작품을 둘 곳이 없을 때 고민스러워요. 또 아이들 중 제가 작품을 보관해주기를 바라는 경우가 있고, 그럴 때는 언제까지 보관해야 하는지가 딜레마예요. 전에 한 번은 제가 보관하던 중이던 작품을 다른 아이가 훼손했는데 작품의 주인인 아이가 3년 만에 찾으러 와서 실망하는 모습을 보며 저도 무척 속상하고 지켜주지 못한 것이 미안했어요. 현실적으로 작품을 영원히 보관해줄 수는 없으니까 이런 것에 대해서 아이들에게 알려줄 필요가 있어요. 공동의 공간에서 하는 작업이니까 아이들이 인식하도록 할 필요가 있지 않을까요?

녹색클로버 : 저는 가져가게끔 해요. 지금 가져갈 수 없는 것만 다음 주에 주고요.

빨간사과 : 집에 가져가면 부모님이 버린다고 하면서 치료실에 보관해달라고 요청하는 아이들도 있어요.

보라고양이 : 저는 사진을 찍고 사진으로 보관을 해줄 것 이라고 이야기해요. 사물함을 만들어서 보관하는 것도 좋구요. 하지만 내담자가 작품을 부수도록 하는 것은 치료적이지 않다고 생각해요. 그렇다고 치료사가 부수거나 버리는 것도 좋지 않죠.

하늘바람 : 기간에 대한 기준이 있었으면 좋겠어요. 제 생각에는 1년 정도는 원형 그대로 보관하는 것이 좋을 것 같아요.

보라고양이 : 종결 시 작품사진들을 책으로 엮어주거나 PPT로 활동 과정과 결과를 보여주는 것도 좋더라구요.

빨간사과 : 작품에 대해 애착을 많이 보이는 아이들이 있잖아요. 그런 아이들의 작품은 보관해두는 것이 좋을 것 같아요. 매번 올 때마다 자신이 만든 작품을 가리키면서 "이거 누가 만들었어요?"라고 물어보는 아이도 있었어요.(웃음) 작품을 통해 안정과 지지를 받고 싶은 거지요.

녹색클로버 : 아, 전시된 작품들이 다른 작품에 영향을 줄 때가 있지요. 작품전시도 미술치료에서 중요한 문제니까 사전에 전시를 원하는지 물어보아야 해요. 가끔 기관에서 전시회를 하기도 하거든요.

하늘바람 : 작품 보관에 대해서는 미술치료사의 윤리와 관련하여 중요한 부분이니까 기존에 이를 다룬 책을 참고할 필요가 있겠어요. 그리고 내담자에게 위협이 되거나 학대, 폭력 등의 정보를 포함한 작품은 치료사가 보관하는 것이 윤리적이라는 것을 우리가 알고 있어야겠지요.

작품보관과 관련된 미술치료사 윤리

• 미술치료 과정에서 제기되는 쟁점들은 진단, 해석, 전시, 보관과 관련된 네 가지 영역이다. 이와 관련하여 법적이고 윤리적인 문제가 발생할 수 있다.
• 미국미술치료사협회(AATA) 미술치료사 윤리규정에서 미술작품은 내담자의 소유로 명시되어 있다. 내담자가 원할 때 작품을 돌려받을 수 있고, 복사본을 치료사가 보관하는 경우 내담자에게 사전에 동의를 구해야 한다. 또한 사전 허가를 받더라도 발표, 강의 등에 사용할 때는 인적 사항이 드러나지 않도록 해야 한다. 작품을 공개적인 장소에 전시하기 전에는 서면 동의서를 받도록 되어 있다.

* 출처 : 미술치료 윤리와 실제(학지사, 2011)

5) 부모상담

부모는 파트너인가? 내담자인가?

녹색클로버 : 아이를 대상으로 미술치료할 때 아이 상담만큼이나 중요한 것이 부모 상담이죠.

빨간사과 : 저는 부모 상담할 때 아이의 문제점에 관해 직선적으로 말을 못하고 돌려서 말하는 편이에요. 그런데 한 번은 어떤 어머님께서 "선생님, 분명하게 이야기해주세요. 그래야 제가 우리 아이에 대해 제대로 알 수 있거든요."라고 해서 당황스러웠던 적이 있어요. 저도 같은 엄마 입장으로서 내 아이에 관해 안 좋은 이야기를 들으면 엄마 마음이 얼마나 아플까 싶어서 말하기가 힘들더라구요. 그게 때로는 꼭 필요한데 말이죠. 그래서 노력 중이에요.

하늘바람 : 저도 처음 치료사가 되어 가장 어려웠던 부분이 부모 상담이에요. 그때는 어떤 말을 어떻게 해야 할지, 해야 할 말과 하지 말아야 할 말은 무엇인지 고민이 많았지요. 아동 미술치료를 할 때는 아동과의 관계형성도 중요하지만, 어머님과의 관계도 매우 중요하니까요.

보라고양이 : 부모 상담은 정말 필요해요. 부모 상담을 통해 지지해드리고 구체적인 양육 팁을 드리기도 하죠. 결과적으로는 아이의 변화도 빠르고 부모님의 만족도와 성취감도 높일 수 있습니다.

하늘바람 : 부모 상담을 한 아이들과 하지 않은 아이들은 큰 차이가 있어요. 부모님들이 협조적으로 참여하시고 노력하시면 치료에 가장 효과적이지요. 부모는 파트너인가, 내담자인가 고민해보신 적 많으시죠?

녹색클로버 : 저는 초기에는 파트너로, 점차 내담자로 교육받고 노력해야 하는 대상자로 점차 전환이 되어요.

보라고양이 : 그런데 간혹 아이 문제가 아닌 어머님들의 어려움이나 본인 문제들을 나누길 원하시는 분들도 계시더라구요. 상담을 하다 보면 아이가 특별히 문제될 것은 없지만 부모의 마음에 들지 않아 상담을 통해 변화되길 원하는 경우가 있어요. 그런 경우 결국 부모가 자신의 문제를 다루어야 하는 경우가 많은 것 같더라고요. 간혹 부모 상담 시 자신의 문제를 계속 꺼내어놓는 분들을 보면 아동이 내담자인지 내 눈앞에 있는 이 부모가 내담자인지 생각을 하게 돼요. 그래서 아이 상담과는 별개로 부모님 개인을 위한 상담을 권유한 적도 많이 있어요.

빨간사과 : 아이를 위한 부모 상담인 경우에는 부모를 전적으로 내담자로 볼 수는 없을 것 같아요. 내담자는 아이들이고, 부모도 상담이 필요한 경우라면 따로 권해야겠죠. 이 경우 부모는 코칭의 대상으로 볼 수 있을 것 같아요. 부모들이 아이들의 발달단계와 성격유형을 이해하도록 돕고 부모 자신의 특성도 알아차릴 수 있도록 도와줄 필요가 있죠. 또 아이에 대해 새로운 시각을 갖고 긍정적인 면을 볼 수 있도록 하는 것도 정말 중요하다고 생각해요.

보라고양이 : 어떤 부모님들은 치료사에게 책임을 떠넘기거나, 주요쟁점에서 결론을 요구하기도 해요. 어떤 경우라도 스스로 결정하도록 도와야 해요. 대신 선택하거나 결정해주면 나중에 자칫 원망을 듣거나 책임을 떠맡게 될 수도 있어요.

하늘바람 : 맞아요. 그런 경우가 정말 많아요. 중심을 잘 지켜야죠. 때론 "부모 상담이 없으면 아이들 상담도 아무런 소용이 없다."고 주장하는 치료사분들도 계신데, 제 생각은 조금 달라요. 시설 아동들의 경우 부모님이 아예 없는 경우도 많고,

부모님이 계시더라도 협조적이지 않은 경우도 있어요. 부모 상담이 중요하긴 하지만 내담자가 아동이라면 아동에게 집중해야 해요.

어른들의 경우는 상담이나 심리치료가 자신의 이야기만 계속하고 모든 하소연을 하는 것이라고 생각하시기도 해요. 상담을 통해 주변 탓만 하고, 그것을 상담사가 계속 들어주고 위로하며 강화시켜 주기도 하는데 이는 바람직하지 못해요.

부모 상담의 필요성과 내용

아동 혹은 청소년을 대상으로 하는 미술치료는 많은 경우 내담자의 보호자인 부모의 의뢰로 시작된다. 아동이나 청소년의 심리적 어려움은 부모의 문제와 밀접한 관계가 있으며, 치료 효과를 높이고 문제를 해결하기 위해서는 부모 상담을 통해 부모의 변화를 이끌어낼 필요가 있다. 그러므로 미술치료 진행 과정에서 부모 상담은 매우 중요한 위치를 차지하게 되며, 협조적인 지원자로서 부모를 활용하는 것이 바람직하다.

부모 상담에서 가장 핵심적인 것은 치료사와 아동의 부모 간에 필요한 정보를 서로 주고받는 데 있다. 부모 상담에서 다루는 내용은 아동의 문제 유형이나 부모가 처해있는 상황에 따라 조금씩 차이가 있지만, 일반적으로 아동의 문제 행동과 발달사, 부모의 양육 태도, 부모-자녀 관계, 아동의 일상생활 모습, 부모의 심리적 어려움 등이 포함된다. 부모 상담을 통해 부모는 자신의 정서적 어려움을 돌아보고 해결하며 자녀에 대한 이해와 양육에 대한 정보를 얻게 되어 자녀와의 관계에서 경험하고 있는 어려움을 해결하는 데 도움을 받게 된다.

*참고 : 춘계학술대회 자료집(한국미술치료학회, 2014)

6) 슈퍼비전과 역전이에 대하여

보라고양이 : 슈퍼비전, 임상감독 모두 같은 말이라고 보면 될 것 같네요. 슈퍼비전의 필요성에 대해서는 수없이 강조해도 지나치지 않겠지요. 치료사의 한계를 보완하고 성장하는 데 꼭 필요한 것 중 하나라고 할 수 있어요.

하늘바람 : 저는 처음에는 슈퍼비전을 통해서 기법이나 기술을 배우고 싶었어요. 무언가 특별하고 독특한 '방법'이 있을 것이라고 생각했죠. 뭔가 빠르고 쉽게 해내고 싶은 마음이 방법을 찾고 있더라구요. 다이어트하는 방법이나 공부 잘하는 방법이 시중에 많이 있지만, 우리가 방법을 몰라서 다이어트 못하는 것이 아니잖아요. 슈퍼비전을 통해 우리가 생각하는 것보다 훨씬 깊게 자신을 점검할 수 있어요. 때로는 개인상담을 받는 기분이에요. 슈퍼비전을 통해 제 문제를 발견했을 때 굉장히 부끄럽고 속상했지만, 그 계기를 통해 분명히 성장했어요.

슈퍼비전

슈퍼비전(supervision)은 'super(위의, 혹은 상부의)'와 'vision(보다)'의 합성어로 '위에서 바라보는 것', '감독(지휘/지도)하는 것'을 의미한다. 즉 슈퍼비전은 많은 경험을 통해 숙련된 상담자가 상대적으로 경험이 적은 상담자의 상담이나 치료 수행을 감독하거나 지도하여 상담자의 자기 탐색, 내담자에 대한 통찰 등 상담 능력을 높일 수 있도록 돕는 활동을 말한다.

　슈퍼비전의 형태나 방법은 다양해서 개인적으로도 받을 수 있고 집단형태로도 가능하며, 동료 간의 슈퍼비전도 있다. 특히 미술치료 슈퍼비전은 미술 활동의 결과물과 창의적인 작업 과정이 있으므로 다른 분야의 슈퍼비전과 다른 특수성을 갖고 있다. 그러므로 미술치료 슈퍼바이저는 방어, 발달 수준, 투사적 전이에 대한 지식뿐 아니라 인간의 창의성에 대한 이해와 이미지를 통한 내담자의 메시지를 통찰할 수 있는 능력이 필요하다.

녹색클로버 : 저는 에너지가 부족하고 반응 없는 내담자들을 만났을 때 정말 힘들었어요. 슈퍼바이저께서는 역전이가 아닌지 물어보셨어요. 처음에는 그 말씀에

대해서 동의하기 어려웠는데 그 후 다시 탐색해보니 그 내담자의 모습 속에서 우유부단하고 에너지가 부족한 저를 발견하게 되었어요. 제가 받아들이지 못하는 자신의 모습을 내담자에게서 찾고 불편해하고 있었던 거였지요. 저도 역전이를 다루는 슈퍼비전은 중요하다고 생각해요.

하늘바람 : 저는 품행 문제가 있는 내담자들 집단에서 역전이를 경험한 적이 있어요. 한 아이가 제 앞에서 계속 "아, 하기 싫어. 짜증 나, 이거 왜 해야 돼." 라고 말했어요. 심지어는 저에게 적대적인 그림을 그리기도 했어요. 저는 굉장히 화가나서 예민해졌고 미술치료 시간 내내 아이들과 팽팽한 기싸움을 하는 바람에 집단 분위기는 긴장되고 불편했어요. 그날 치료는 한마디로 "망쳤어요."

　알고보니 그 적대적이던 아이는 과거 선생님으로부터 큰 상처를 받은 경험이 있더군요. 그 친구의 적대감은 저라는 '개인'이 아닌 '선생님'이라는 역할에 향해 있던 것이었어요. 그 상황에서 제가 느낀 강렬한 분노는 '역전이'감정이었던 것이지요. 무시당한 것 같다고 생각하는 치료사의 개인적인 감정이 치료에 부정적인 영향을 주었어요.

빨간사과 : 저는 나이가 있어서인지, 치료 시간에 종종 아이들이 "엄마"라고 부를 때가 있어요.(웃음) 그럴 때마다 아이들이 나를 엄마처럼 편안하게 생각하는구나 싶어 처음엔 좋게만 생각했었는데, 때로는 그것이 위험한 감정일 수도 있다는 생각이 들어요. 내가 그 아이의 진짜 엄마가 될 수는 없는 것이니까요. 이렇게 치료 시간에 내담자에게 부모의 사랑을 느끼거나, 분노나 질투, 지나친 동일시, 두려움이나 혐오감, 불안감 등의 감정을 경험하기도 하는데, 이러한 역전이는 치료사들이 항상 주의를 기울여야 할 민감한 문제인 것 같아요.

역전이

내담자가 과거에 자신의 감정 형성에 영향을 미쳤던 중요한 사람(가족, 형제 등)에게 느꼈던 감정들을 치료자에게 투사, 재경험 하려는 것을 전이(transference)라고 한다. 역전이 (counter-transference)란 이러한 내담자의 전이에 대응하는 치료자의 전이라는 개념으로, 프로이트에 의해 처음 사용된 용어이다. 프로이트는 역전이를 환자의 전이에 의해 유발되는 치료자의 무의식적인 신경증적 갈등이나 감정으로 보았으며, 치료에 방해가 되는 요소이므로 최대한 차단해야 한다고 생각하였다.

그러나 이후 많은 학자들에 의해 역전이의 개념은 보다 확장되어 내담자에게 느끼는 치료자의 모든 정서적 반응을 포함하게 된다. 이러한 전체적 접근으로 본다면, 역전이는 부정적인 것만이 아니라 내담자를 이해하는 도구로 사용될 수 있다.

즉 치료자 자신의 갈등과 욕구의 결과로 보이게 되는 역전이는 치료에 부정적일 수 있지만, 치료자가 자신의 역전이를 잘 통찰하고 이해하여 관리한다면 치료적으로 유용하게 활용될 수 있다는 것이다.

보라고양이 : 그동안 미술치료사로 일을 하면서 자주는 아니더라도 꾸준히 슈퍼비전을 받아왔어요. 슈퍼비전을 받다 보면 치료사 이전의 개인 문제나 성향 등이 내담자에게 영향을 주는 것을 깨닫게 되는 경우가 자주 있답니다. 몇 번이나 만났던 아동과의 대화에서 알아차리지 못했던 것을 슈퍼비전에서 지적받고 놀랐던 적이 있었어요. 함묵증상이 있었던 아동과의 임상에서 치료사의 제안을 쉽게 받아들이지 않고 아무런 반응도 보이지 않는 부분에 대해 슈퍼비전을 받았는데, 슈퍼바이저께서 생각지도 않은 저의 어투에 대해 집어주시더군요. 축어록을 보니 항상 제가 "00야, 이거 좀 해줄래?", "이거 좀 해볼래?"라는 말을 사용하더라구요. 부탁을 하는 경우가 아닌 상황에서도 그런 어감을 주는 말투를 사용하고 있었던 거죠. 그래서 아동에게 거절을 하게 하거나 확신을 주지 못할 수도 있었다는 것을 생각할 수 있게 했어요. 무심코 해왔던 나의 어투가 내담자의 행동에 영향을 준다는 것을 알게 된 것이죠. 그 이후로는 제안을 하거나 개입이 필요한 상

황에서는 단호하고 명확하게 이야기를 하기 위해 신경을 쓰게 되었어요. 이러한 것들은 책에서 이론적으로 배울 수 없는 부분이라고 할 수 있어요.

빨간사과 : 슈퍼비전받을 때 슈퍼바이저의 예리한 지적도 긴장되지만, 저는 슈퍼비전을 준비하면서 녹음된 파일을 듣거나 녹화한 동영상을 볼 때 스스로 부끄러워지더라구요. '내가 이렇게 말을 했었나!', '이런 중요한 걸 놓치다니!', '내 자세는 또 왜 저렇지?' 하는 생각에 때로는 민망해지고 내담자들한테 미안하다는 생각도 들었어요.

하늘바람 : 한번은 내담자를 제가 감당하지 못해 타 기관으로 보낸 뒤 슈퍼비전을 받은 경험이 있었죠. 이때 슈퍼바이저께 여쭈었어요. "이렇게 관계형성이 어려운 내담자들과는 어떻게 해야 할까요?" 슈퍼바이저께서 "그렇게 관계형성이 어려운 아이들과 관계를 맺는 것이 우리 일이에요."라고 대답하셨는데, 굉장히 부끄러웠어요. 그 이후 정말 많은 생각을 하게 되었고, 제 직업적 정체성에 대해서도 생각해보는 계기가 되었죠.

빨간사과 : 그래서 슈퍼비전을 받을 때는 늘 긴장되기도 하지만 기대도 하게 되죠. 미술치료 임상 경험이 어느 정도 쌓이기까지는 지속적이고 체계적으로 슈퍼비전을 받는 것이 정말 유익하다고 생각해요. 또 동료 슈퍼비전도 많은 도움이 되는 것 같아요. 어떤 경기나 게임을 할 때 직접 하는 사람보다 옆에서 훈수 두는 사람 눈에 전체 내용이 더 잘 들어오잖아요. 그것과 마찬가지로, 내가 미처 깨닫지 못했던 것을 동료 치료사들이 얘기해주기도 하고, 또 반대로 다른 치료사가 생각 못했던 것이 내 눈에 보일 때도 있죠. 이런 것들을 서로 부담 없이 얘기해줄 수 있어서 더 좋은 것 같아요.

보라고양이 : 슈퍼비전을 받으려면 물론 경제적, 시간적인 노력이 들어가지만 그렇다고 놓아버리면 점점 치료가 막연해지고 치료사로서의 한계를 더 빨리 경험하게 될 거예요. 그렇기에 슈퍼비전은 치료사를 회복시키고 성장시키는 데 꼭 필요하다고 생각해요.

7) 제도와 기관

하늘바람 : 미술치료사로서 관련된 제도나 기관들에 대해서 알아야 할 것 같아요. 저는 사회복지를 전공해서 제도나 기관에 대해 관심이 많은 편이라서 내담자들께 종종 연계를 해드리거나 제언을 드리기 좋을 때가 있어요. 우리도 지역에서 활동하는 만큼, 지역사회 내의 정신건강 전문가로서 사례관리자의 역할도 수행할 필요가 있어요.

보라고양이 : 저는 미술치료사 초기에 제도적인 부분을 잘 몰라서 잘못 안내한 경우도 있어요. 미술치료사들이 혼자서 일을 하다 보니 이러한 부분들에 대해서는 익숙하지 않을 수도 있어요.

녹색클로버 : 저도 행정적이거나 제도적인 것들이 어렵더라구요. 어떻게 안내해줘야 할지도 모르겠고.

하늘바람 : 최근에는 바우처 사업 종류가 많잖아요. 그런 것들을 제안해드리고 혜택을 받을 수 있도록 돕는 것이 좋은 것 같아요. 내 내담자가 바우처 대상자라면 적어도 바우처라는 사업의 취지와 대상, 목적 등은 알아야 할 것이구요.

빨간사과 : 저는 첫 미술치료 사례를 맡았을 때 '차상위'나 '기초 수급' 같은 용어들을 처음 접했는데, 그게 무슨 뜻인지 몰랐어요. 지금 생각해보면 부끄러워요.

기초생활 수급자와 차상위계층

(국민) 기초생활 수급자	차상위 계층
가족의 소득합계가 최저생계비 이하인 가구로 국민기초생활보장법상에 의해 보장된 급여를 받는다.	최저생계비 대비 1~1.2배의 소득이 있는 '잠재 빈곤층'과 소득은 최저생계비 이하지만 고정재산이 있어 기초생활보장 대상자에서 제외된 '비수급 빈곤층'을 합쳐 이르는 말이다. 국민기초생활보장 수급자보다 약간 형편이 나은 경우이다.

하늘바람 : 선생님들의 이해를 돕기 위해 제가 몇 가지 대표적인 사업들과 기관들을 정리해놓았어요. 참고가 되셨으면 좋겠네요.(웃음)

미술치료와 관련된 사업들

사업명	발달재활서비스	지역사회서비스 투자사업	교육복지우선지원사업	드림스타트
담당부처	보건복지부	보건복지부	교육과학기술부 (현 교육부)	보건복지부
사업명칭	장애아동가족지원사업 중 발달재활서비스 (구, 장애아동재활치료서비스)	지역자율형 사회서비스 투자사업 (아동청소년심리지원서비스 등이 포함)	교육복지우선지원사업 (구, 교육복지투자우선지원사업)	드림스타트 (구, 희망스타트)
사업목적	-성장기 장애아동의 기능 향상 및 행동 발달을 위한 재활치료 제공	-지역사회 복지 증진 및 삶의 질 향상을 위한 사회서비스 제공 -지역의 특성과 주민의 욕구에 적합한 사회서비스 개발 및 제공	-학교가 중심이 되는 지역 공동체 구축 -청소년의 교육 기회, 과정, 결과에 나타나는 주요 취약성을 최대한 보완하기 위한 통합지원 체제 구축	-공평한 양육여건과 출발 기회의 보장을 통한 빈곤 대물림 차단 -건강한 사회 구성원으로서 성장을 돕는 능동적 복지사업
대상	만 18세 미만의 장애아동	아동, 청소년, 부모, 노인, 영유아, 장애아동 형제 등 지역에 따라 다양하게 구성	교육 취약 아동·청소년이 밀집된 초등학교, 중학교	0세(임산부) ~ 만12세(초등학생 이하)의 아동 및 가족 ※ 취약계층 우선지원
사업내용	언어, 미술, 음악, 행동, 놀이, 심리운동 등 장애아동 및 부모의 수요에 따라 다양한 서비스 개발 및 지원	심리정서, 안마, 승마, 건강관리 등 지역에 따라 다양하게 구성 (2013년 현재 인천은 35개의 사업으로 운영)	학습, 문화·체험, 심리·정서, 보건 등을 통합지원	성장 발달에 필요한 신체 건강, 인지 언어, 정서 행동 등의 서비스를 제공

지원내용	-소득기준에 따라 월 16만~22만 원을 지원	-소득기준에 따른 차등지원 -사업에 따라 지원금 상이 -아동·청소년 심리지원서비스의 경우 월 8만~16만 원 지원	-학교 내 교육복지실, 교육청 내 교육복지센터 운영	-각 시군구의 복지사업부에서 드림스타트 센터를 개소 및 운영
출처	"2012년 장애아동 가족지원사업안내" (보건복지부 발행)	"2013년 지역자율형사회서비스 투자사업 안내" (보건복지부 발행)	구, 교육복지우선지원사업 http://eduzone.kedi.re.kr/참고	드림스타트 http://www.dreamstart.go.kr/참고

미술치료사들이 연계할 수 있는 지역사회 기관의 종류

가족 지원	건강가정지원센터, 다문화가족지원센터, 한부모가족복지시설(미혼모시설, 공동생활가정, 일시보호시설 등)
아동 지원	공동생활가정, 아동복지협회, 아동복지센터, 지역아동센터 아동보호전문기관(폭력 및 학대 아동 지원), 아동성폭력전담기관(해바라기센터), 아동양육시설 및 보호시설
청소년 지원	청소년문화센터, 청소년자립생활관, 청소년일시쉼터, 청소년상담지원센터, 청소년수련관, 청소년자원봉사센터
장애인 지원	공동생활가정, 수화통역센터, 시각장애인기관, 자립생활센터, 장애인복지관, 장애 주간/단기보호시설, 장애인직업재활시설, 특수학교, 장애인생활시설, 특수학교, 장애인 단체 및 협회

노인지원	노인문화센터, 노인보호전문기관, 노인복지관, 노인요양공동생활가정, 노인요양단기보호시설, 노인요양시설, 노인일자리전담기관, 노인주거복지시설, 노인단체, 노인복지센터, 재가노인복지시설, 치매센터
여성지원	여성인력개발센터, 여성복지회관, 피해자보호시설, 가정·성폭력상담소, 원스톱지원센터(학대 및 폭력 관련)
노숙인 복지	노숙인 쉼터, 부랑인복지시설
보건/ 의료	정신건강증진센터, 알코올상담센터, 자살예방센터, 보건소, 호스피스단체, 사회복귀시설, 의료사회사업실이 있는 의료기관, 정신요양시설
지역복지	종합사회복지관, 자원봉사센터, 지역사회자활센터, 푸드마켓, 푸드뱅크

* 본 내용은 인천지역기관 구성에 따라 작성되었으므로 지역에 따라 다를 수 있으며, 지역의 '사회복지협의회' 홈페이지를 통해 기관의 목록과 연락처 등을 알 수 있다.

자주 연계되는 기관 안내

사회 복지관	사회복지관은 지관은 지역의 사회복지문제를 예방하고 해결하기 위한 복지서비스를 제공하는 시설이다. 모든 지역주민을 대상으로 하는 종합사회복지관과 특정 대상을 위한 장애인복지관, 노인복지관, 여성복지관, 아동복지관(아동복지센터) 등이 있다. 복지관에서는 지역의 욕구와 필요에 따라 다양한 사업을 운영한다. 때문에 복지관 사업은 지역에 따라 다르며 사례관리, 재가복지, 푸드뱅크, 도서실 및 공부방 운영 등 다양하다.
건강가정 지원센터	가족교육, 가족상담 등 다양한 가족지원서비스를 진행하는 기관이며 전국 모든 시군구에 위치하고 있다. http://www.familynet.or.kr/

정신건강 증진센터 (구, 정신 보건센터)	정신보건 서비스의 질적 향상을 위한 노력과 정신질환자의 지역사회 보호 및 지원을 하는 기관이다. 지역에 따라 시나 구 단위로 위치하고 있다.
해바라기 아동센터	성폭력 피해아동의 정신적·신체적 종합적인 지원을 하는 기관이다. 의료 지원, 법률지원, 치료지원, 교육 등의 사업을 진행하며 시도단위로 위치 하고 있다.
청소년상담 지원센터	청소년을 위해 상담, 보호, 교육, 연구사업을 운영하는 기관으로 시군구 단위로 위치하고 있다.

5. 미술치료사로 살아간다는 것

녹색클로버 : 이 직업의 가장 큰 매력은 정년이 없다는 거예요. 나이가 들어서도
남을 도울 수 있다는 사실이 의미가 있지 않을까요? 누군가에게 필요한 존재가
되는 것은 나의 존엄성을 높이는 데 상당한 역할을 하죠. 이런 면에서 저는 미술
치료사를 직업으로 선택하려는 여러분들에게 (지금은 좀 멀게 느낄 수 있지만) 평
생을 할 수 있는 일이란 사실을 기억하셨으면 좋겠어요.

빨간사과 : 상담을 공부하려면 정말 많은 시간을 투자해야 하잖아요. '이 많은 시
간과 돈을 투자해서 나중에 무언가 결과가 있을까?' 하는 생각을 하게 될 때가 있
어요. 그렇지만 정말 나중에 더 나이 들어서 봉사를 하더라도 자격을 갖추고 하
는 것은 의미가 있지 않을까 해요.

하늘바람 : 정말 그러네요. 전에 어떤 교수님께서 하신 말씀이 생각나네요. 다른
분야는 젊은 사람들이 더 일을 잘하지만 이쪽 분야는 삶의 경험이 더 중요하다고

하셨었어요. 저도 삼십대 중반이 되고 점점 나이를 먹으면서 치료사로서도 좀 더 깊어지는 것을 느껴요. 교수님들께서 정년 이후에도 여전히 현직에서 슈퍼바이 저로 활동하시며 후학을 양성하시는 모습을 보면, '우리의 미래도 저렇게 될 수 있지 않을까?' 하는 생각을 해요.

보라고양이 : 정말 선생님들 이야기를 들어보니 미술치료사로서 일을 한다는 것은 나이가 들어갈수록 좋은 부분이 많네요! 나의 자존감도 높이고 존재감을 느낄 수 있을 것 같아요. 전 아직은 정년 이후에 대해서는 많이 생각해보진 않았어요. 무 엇보다 미술치료사라는 직업의 매력은 인간으로서 성숙한다는 자기만족이 큰 것 같아요.

하늘바람 : 저는 누군가의 가장 내밀한 이야기를 들어주고 이에 대해 공감해줄 수 있는 우리 직업이 참 따뜻한 일이라고 느껴요. 또, 우리는 계속 공부하고 슈퍼비 전받고 또 공부하고 슈퍼비전받고…. 끝없이 노력해야 하는 직업이잖아요. 또 계 속해서 자신을 들여다보고 치료사이면서 내담자로 상담을 받기도 하잖아요. 흔 히들 우리들끼리 "버는 족족 교육비로 나간다."고 우스갯소리로 이야기하기도 하지만 사실 계속해서 배우고 성장할 수 있다는 것은 이 직업의 가장 큰 매력이에 요. 치료를 시작하면서 이전보다 더 제 존재를 소중히 여기고 감사하며 살아가게 된 것 같아요.

참고문헌

1. 국내서적

공마리아 외,『미술치료개론』, 대구: 도서출판 동아문화사, 2004

박승숙,『마음이 아플 때 만나는 미술치료』, 들녘, 2001

박승숙,『영화로 배우는 미술치료 이야기』, 들녘, 2000

이근매,『미술치료이론과 실제』, 양서원, 2008

이근매, 최인혁,『매체경험을 통한 미술치료의 실제』, 서울: 시그마프레스, 2008

정순영,『미술치료의 치유요인과 매체』, 하나의학사, 2011

정여주,『노인미술치료』, 서울: 학지사, 2010

정여주,『만다라와 미술치료』, 서울: 학지사, 2005

정현희,『실제 적용 중심의 미술치료』, 서울: 학지사, 2006

정현희, 이은지,『실제 적용 중심의 노인미술치료』, 서울: 학지사, 2007

주리애,『미술치료는 마술치료』, 서울: 학지사, 2000

주리애,『미술치료 요리책』, 경기: 아트북스, 2003

최선남 외,『집단미술치료』, 서울: 학지사, 2007

최외선 외,『마음을 나누는 미술치료』, 서울: 학지사, 2006

한국미술치료학회,『미술치료의 이론과 실제』, 대구:동아출판사, 2000

황유경,『미술치료로 아이들에게 한걸음 다가서기』, 서울: 혜성출판사, 2005

2. 해외서적 및 번역서적

Bruce L. Moon,『미술치료 윤리와 실제』, 이윤희, 오종은, 임나영 역, 서울: 학지
    사, 2011

D. W. Winnicott,『놀이와 현실』, 이재훈 역, 한국심리치료연구소, 1997

Edith Kramer,『치료로서의 미술』, 김현희 외 역, 시그마프레스, 2007

Harriet Wadeson,『미술심리치료학』, 장연집 역, 시그마프레스, 2008

Judith A. Rubin,『예술로서의 미술치료』, 김진숙 역, 서울: 학지사, 2008

Makin, Susan R.『미술치료 활동기법 : 다양한 예술표현방법을 활용한』, 김종희 역, 서울: 시그마프레스, 2009

Riedel, Ingrid,『융의 분석심리학에 기초한 미술치료』, 정여주 역, 서울: 학지사, 2000

Schroder, Deborah,『유능한 미술치료사 되기』, 오연주 역, 서울: 시그마프레스, 2010

Seligman, Martin E. P.,『긍정심리학』, 김인자 역, 경기: 도서출판 물푸레, 2007

Taylor, Jeremy,『꿈으로 들어가 다시 살아나라』, 고혜경 역, 서울: 성바오로, 2006

3. 학술지 및 학위 논문

민보현, 원희랑, "기혼직장여성의 정서안정과 역기능적 태도 개선을 위한 명상과 음악을 활용한 미술치료 사례연구", 미술치료 연구 17(5), (사)한국미술치료학회, 2010

오승진, "미술치료 프로그램이 여대생의 삶의 목적, 의미 발견, 몰입 및 행복감에 미치는 효과", 박사학위논문, 원광대 대학원, 2008

원희랑, 김영란, "인간중심 집단미술치료 프로그램이 유방암 환자의 자아존중감, 우울, 불안, 삶의 질에 미치는 효과", 미술치료 연구 17(2), (사)한국미술치료학회, 2010

은옥주, "중년 여성 우울증에 대한 미술치료 사례 연구 :정신역동적 접근", 석사학위논문, 연세대 연합신학대학원, 2000

부록

1. 학회 및 협회

한국미술치료학회

　　http://www.korean-arttherapy.or.kr/

한국표현예술심리치료협회

　　http://www.keapa.or.kr/

한국예술치료학회

　　http://www.artstherapy.or.kr/

한국심리치료학회

　　http://www.kap03.kr/

대한임상미술치료학회

　　http://www.kacat.co.kr/

2. 대학원

1) 석사학위과정

가천대학교 특수치료대학원 특수치료학과 미술치료학 전공

　　http://www.gachon.ac.kr/major2/therapy/

건국대학교 디자인 대학원 미술치료전공

　　http://designgs.konkuk.ac.kr

경기대학교 미술디자인대학원 미술학과 미술치료전공

　　http://www.kyonggi.ac.kr/webService.kgu?menuCode=K0309M0100/

대구대학교 재활과학대학원 재활심리학과 미술치료전공

　　http://rehabgrad.daegu.ac.kr/

대구한의대학교 보건대학원 임상미술치료학 전공

　　http://www.dhu.ac.kr/korean/HOME/graduate/

대전대학교 보건스포츠대학원 예술치료학과 미술심리치료전공

　　http://office.dju.ac.kr/hs/

동국대학교 문화예술대학원 예술치료학과 미술치료전공

　　http://gsca.dongguk.edu/

동의대학교 산업문화대학원 예술치료학과 미술치료전공

　　http://industry.deu.ac.kr/

동의대학교 대학원 보육가정상담학과 미술치료 · 보육전공

　　http://childfamily.deu.ac.kr/

명지대학교 사회교육대학원 예술심리치료학과 미술심리치료전공

　　http://gse.mju.ac.kr/user/social/

순천향대학교 건강과학대학원 심리치료학과 미술치료전공

　　http://homepage.sch.ac.kr/gradu04

신라대학교 사회복지대학원 미술치료전공

　　http://socigrad.silla.ac.kr/

이화여자대학교 교육대학원 미술치료교육 전공

　　http://ged.ewha.ac.kr/

우석대학교 경영행정문화대학원 미술치료전공

　　http://www.woosuk.ac.kr/

원광대학교 보건 · 보완의학대학원 예술치료학과 미술치료전공

　　http://cms.wonkwang.ac.kr/hcmed

용인대학교 문화예술대학원 미술치료전공

http://graduate.yongin.ac.kr/yeasul/

조선대학교 디자인대학원 미술심리치료전공

http://www.chosun.ac.kr/~gsd/

평택대학교 상담대학원 미술치료 전공

http://graduate.ptu.ac.kr/

한세대학교 치료상담대학원 치료상담학과 미술치료전공

http://graduate.hansei.ac.kr/

한양대학교 교육대학원 예술치료교육전공

http://gse.hanyang.ac.kr/

한양대학교 이노베이션대학원 미술치료학과 미술치료 전공

http://gsim.hanyang.ac.kr/

2) 석사 · 박사학위 과정

계명대학교 대학원 예술치료전공(석사 및 박사학위 과정)

http://web.kmu.ac.kr/kmugs/

http://cafe.naver.com/kmuartstherapy

동덕여자대학교 문화산업예술대학원 통합예술치료전공(석사학위 과정)

http://grad.dongduk.ac.kr/grad/

동덕여자대학교 대학원 통합예술치료전공(박사학위 과정)

http://grad.dongduk.ac.kr/grad/

서울불교대학원대학교 상담심리학과 미술치료전공(석사 및 박사학위 과정)

http://www.sub.ac.kr/

서울여자대학교 특수치료전문대학원 표현예술치료학과 미술심리치료전공

    http://www.swu.ac.kr/special/therapy

영남대학교 환경보건대학원 보건미술치료학과 미술치료전공(석사학위 과정)

    http://cms.yu.ac.kr/arttherapy/

영남대학교 대학원 미술치료전공(박사학위 과정)

    http://graduate.yu.ac.kr/

차의과학대학교(구 포천중문의대) 통합의학대학원 임상미술치료전공(석사 및 박사학위 과정)

    http://www.cha.ac.kr/

3. 미술치료 매체 구입처

굿에듀(핑키밍키) : 특수교육 교구 쇼핑몰로 치료, 수업용품, 검사, 테마도구, 교육도서 등 판매

    http://www.goodedu.com/

다이소 : 15만 종 생활용품 전문 쇼핑몰

    http://www.daisomall.co.kr/

문화사(인천 부평 위치) : 종합사무용품 전문 쇼핑몰로 유치원 용품, 공예, DIY, 사무 등 판매

    http://www.bmungu.co.kr/

마인드프레스 : 심리검사지 전문 쇼핑몰로 적성, 지능, 창의성, 인지력 등 자료 판매

    http://www.mindpress.co.kr/

아이소리몰 : 장애아동용품 전문 쇼핑몰로 도서, 치료 교구, 진단평가 검사지 등 판매

　　http://isorimall.com/

아이꿈터 : 유아교육용품 쇼핑몰로 만들기 재료, 환경구성 등 판매

　　http://www.cdlmall.co.kr/

알파문구 : 생활편의용품, 전산, 필기류, 학용품, 미술,화방, 모형용품 판매

　　http://www.alpha.co.kr/

좋은문구(조은에스씨) : 사무용품 전문 쇼핑몰로 학용품, 화방용품 등 온라인 판매

　　http://www.goodmungu.co.kr/

킨더마켓 : 어린이집용품, 위생, 안전용품, 문구류, 교구 등 판매

　　http://www.15440174.com/

하늘문구 : 문구 전문 쇼핑몰로 만들기 재료, 필기구, 악기류, 화방지류, 사무용품 등 판매

　　http://www.skymungu.com/

추천영화

이보다 더 좋을 순 없다(As Good As It Gets, 1997)

감독 : 제임스 L. 브룩스

냉소적이고 뒤틀린 성격의 소유자이며 강박증세가 심한 로맨스 작가 유달. 그의 주변은 늘 시끄럽고 어수선하다. 이런 그를 참아주는 웨이트리스 캐롤 코넬리를 통해 그의 인생에 아주 작지만 엄청난 변화가 일어난다. 불쾌하게 여겼던 세상과 화해하고 진정한 로맨스를 시작하게 되는데….

뷰티풀 마인드(A Beautiful Mind, 2001)

감독 : 론 하워드

1940년대 최고의 엘리트들이 모이는 프린스턴 대학원에 천재인 존 내쉬가 입학한다. 무뚝뚝하고 오만해 보이지만 실상 내향적인 성격의 소유자인 그는 금발의 미녀를 두고 벌이는 친구들의 경쟁을 통해 균형이론의 단서를 발견하고 이를 논문으로 씀으로써 한 번에 교수라는 명예와 사랑을 얻지만, 이와 함께 정신분열증이라는 불청객이 찾아온다. 이것으로 나타난 갈등을 사랑으로 극복하고….

내 머릿속의 지우개(2004)

감독 : 이재한

건망증이 심한 수진, 외골수처럼 살아온 철수. 이들은 우연한 만남으로 서로 사랑하게 되고, 결국 결혼에 성공한다. 그러나 이 행복한 시간들은 수진의 기억에서 조금씩 사라진다. 수진의 뇌는 차츰 죽어가고 있었던 것. 이제는 사랑하는 철수마저도 처음 본 사람으로 대하게 되고, 철수는 사랑하는 그녀를 위해 자신이 할 수 있는 모든 것을 해주고 싶은데….

카드로 만든 집(House of Cards, 1993)

감독 : 마이클 레삭

아버지의 갑작스런 사고사로 힘들어 하던 어린 샐리는 친한 마야인 현자 세넬에게 아버지는 죽은 것이 아니라 달나라에 갔고 명상을 통해 만날 수도, 이야기를 들을 수도 있다는 가르침을 받는다. 샐리는 이를 신앙처럼 받들고, 더 이상 이야기하지 않고 자기만의 세계(카드로 만든 집)에 들어간다. 엄마인 루스는 아이의 행동을 이해하지 못하다가 조금씩 아이의 세계로 들어가기 시작하는데 출구는….

모짜르트와 고래(Mozart And The Whale, 2005)

감독 : 페테르 내스

상대방의 말을 그대로 믿는 도널드는 아스퍼거 증후군을 가지고 있지만 천재적인 감각의 소유자다. 이런 그에게 묘한 매력을 가진 같은 아스퍼거 증후군인 이사벨 소렌슨이 나타난다. 서로 잘 이해할 것이라고 생각했지만 도널드는 자신과 이사벨의 비정상적인 모습을 거부한다. 이로 인해 크게 실망한 이사벨은 떠나게 되고, 다시 만나 회복에 대한 노력을 하지만….

굿 윌 헌팅(Good Will Hunting, 1997)

감독 : 구스 반 산트

누구의 간섭도 받지 않던 헌팅은 빈민 거주지에 살며 비천한 일을 하면서 비참하게 살아가지만, 공대 교수들도 풀 수 없는 수학 문제를 간단하게 풀 정도로 비상한 머리의 소유자다. 폭력적인 행동 때문에 상담을 받으면서 상담자를 당황하게 하는 태도를 보인다. 또한 사랑하는 여인에게 버림받는 것이 두려워 먼저 이별을 고하는데….

가족의 탄생(2006)

감독 : 김태용

옴니버스 영화같이 다양한 가족들이 등장한다. 서로 다른 모습의 가정에서 성장한 경석과 채현이 만나 서로 사랑한다. 얼굴도 예쁘고 마음도 착한 채현. 문제는 주변에 너무 많은 관심을 기울이기 때문에 정작 남자 친구는 애정결핍에 시달린다는 것이다. 경석은 견디다 못해 이별을 선언하지만, 여전히 채현을 떠날 수 없어 집에 가는 그녀와 동행을 하게 되고 채현을 이해하게 되는데….

아들의 방(The Son's room, 2001)

감독 : 난니 모레티

조반니는 온화하고 침착한 정신상담의로 아내 파울라, 아들 안드레, 딸 이레네와 함께 단란하고 평화로운 가정을 이루고 산다. 아들과 함께 시간을 보내기로 약속한 날 그동안 상담하던 환자로부터 급한 전갈을 받아 아들과 함께하지 못하고 결국 아들은 사고로 죽게 된다. 폭풍처럼 위기가 닥쳐오고 이 가정에 아들의 여자 친구가 찾아오는데….

28일 동안(28 Days, 2000)

감독 : 베티 토마스

여류 작가 그웬 커밍스는 파티와 술과 사랑이 뉴욕의 전부라고 여긴다. 그녀의 남자 친구는 알코올 중독자로 술에 찌든 방탕한 삶을 즐기고 있다. 술로 문제를 일으킨 그웬은 28일간 알코올 중독치료를 위한 갱생원에서 생활할 것을 지시받는다. 그곳에서 동료들을 만나고 카운슬러인 코넬을 통해서 자신의 진정한 모습을 발견하게 되는데….

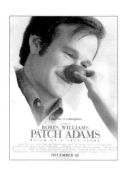

패치 아담스(Patch Adams, 1998)

감독 : 톰 새디악

헌터 아담스는 불행한 가정환경에서 자라 자살 미수로 정신병원에 감금된다. 동료 환자를 통해서 영감을 받고 '상처를 치유한다'는 의미의 '패치'란 별명을 얻게 되고,

그 후에 다양한 아이디어와 장난기를 통해 마음까지 치유하기 위해서 노력한다. 학교의 경고에도 아랑곳하지 않고 지속적으로 활동하다가 사랑하던 여인이 정신이상 환자에게 살해당하게 되는데….

블랙 스완(Black Swan, 2011)

감독 : 대런 아로노프스키

니나는 약해 보이지만 뉴욕 발레단에 소속된 발레리나. 순수하고 우아한 '백조' 연기에서 단연 최고로 꼽힌다. 그러나 새롭게 각색된 '백조의 호수'에서 '백조'와 '흑조'라는 1인 2역에 적합하지 못하다는 평가를 받고, 새로 입단한 릴리는 정교한 테크닉은 부족하지만 무대를 압도하는 매력이 있다. 가장 최고의 위치에서 그 자리를 위협받으면서 심리적 갈등이 나타나는데….

6월의 일기(2005)

감독 : 임경수

강력계 형사인 추자영. 그녀는 애인도, 딱히 별다른 취미도 없이 범인을 잡는 데 청춘을 바친 베테랑이다. 어느 날 자살로 판명된 사건을 직감적으로 살인 사건이라 느껴 조사하던 중 같은 학교 학생이 죽임을 당하게 된다. 그런데 부검을 통해 발견된 일기에는 아직 사건이 발생하기도 전에 미리 쓰여져 있다. 학교에서는 무슨 일이 생기고 있는 것일까? 또 일기의 정체는….

라이프 오브 파이(Life of Pi, 2012)

감독 : 이안

바다 한 가운데 표류하는 구명보트 위에 있는 파이는
동물원을 운영하던 가족의 일원이다. 정부 지원의 중단
으로 캐나다로 이송하던 중 화물선의 침몰로 몇몇 동물
만 남게 되고, 굶주린 동물들은 서로 공격하여 파이와
호랑이만 살아남는다. 파이는 삶의 원칙인 생존의 법칙을 정하고 망망대해에서
살아가는 법을 습득해가는데….

아무르(Amour, 2012)

감독 : 미카엘 하네케

평화로운 노년을 보내고 있던 노부부 조르주와 안느. 어
느 날 아내 안느에게 뇌졸중이란 위기가 찾아온다. 반신
불수가 된 아내는 남편의 도움 없이는 거동도 힘들지만
스스로 해보려고 무던히도 애를 쓰고, 딸 내외는 요양
원에 보낼 것을 권하지만 조르주는 이런 아내를 보내길 꺼려한다. 그러나 기나긴
병간호로 지쳐만 가는데….

마이 시스터즈 키퍼(My Sister's Keeper, 2009)

감독 : 닉 카사베츠

'안나'는 언니 '케이트'의 병을 치료할 목적으로 맞춤형
아기로 태어났다. 안나는 이런 임무를 당연한 것으로 여
겼지만, 이제 자신의 몸을 찾으려 소송을 하려 한다. 부

모는 이런 딸이 괘씸해 최고의 승률을 자랑하는 변호사를 고용하여 소송을 준비한다. 가족의 갈등은 점점 깊어지고….

행복을 찾아서(The Pursuit Of Happyness, 2006)

감독 : 가브리엘 무치노

대부분 사람들은 인생의 위기를 피하려고 하지만, 세일즈맨 가드너는 이런 위기를 기회로 만들려 한다. 그가 판매하는 의료기기는 획기적이지만 너무 고가였고, 그래서 파산 위기다. 아내는 떠나고 아들과 노숙을 하면서 주식중개회사 인턴으로 입사한다. 여전히 빈털터리지만, 그는 아들과 꿈을 포기하지 않는데….

블랙(Black, 2005)

감독 : 산제이 릴라 반살리

8살 미셸은 온 세상이 검은색 자체로, 듣지도 보지도 못하는 장애를 갖고 태어났다. 끊임없는 사랑과 노력을 통해 미셸에게 세상과 소통하는 법을 가르쳤던 사하이 선생님은 그녀가 불가능하다고 느꼈던 꿈을 펼칠 수 있도록 도운 분이다. 그런 선생님이 지금 알츠하이머로 기억상실증에 걸려 모든 사람을 알아보지 못하는데….

빌리 엘리어트(Billy Elliot, 2000)

감독 : 스티븐 달드리

할아버지의 명예를 지키기 위해 빌리는 여전히 권투 장갑을 끼고 체육관을 찾는다. 체육관에는 권투와 발레 교실이 함께 열리는데, 윌키슨 부인의 도움으로 발레를 처음 접한 빌리는 권투할 때와는 전혀 다른 열정을 경험한다. 처음에 반대하던 빌리의 아버지는 결국 빌리의 결정을 인정해주고 할 수 있는 상황까지 버텨 빌리를 돕지만, 여전히 가족은 어려움에 노출되고….

데인저러스 메소드(A Dangerous Method, 2011)

감독 : 데이빗 크로넨 버그

프로이트는 인간의 문제의 근원을 성과 연결하고, 융은 모든 문제를 성으로만 해결하는 것은 불가하다며 무의식의 세계를 주장한다. 이 둘 사이의 슈필라인은 어린 시절 아버지의 학대로 성도착증을 앓았지만 프로이트와 융의 도움으로 아동정신분석의가 되었다. 이 세 사람 사이에 등장하는 사람들의 심리게임과 아찔한 사랑과 갈등이 표면화되기 시작하는데….

케빈에 대하여(We Need to Talk About Kevin, 2011)

감독 : 린 램지

에바는 자유로운 삶을 즐기는 여행가다. 그런 그녀에게 아들 케빈이 생겼고 그녀의 인생은 180도 변한다. 일과 양육을 동시에 감당해야 하는 에바는 케빈의 이유 없는 반항으로 더욱 힘들어진다. 에바가 가까이하려 하면 케빈은 더욱 교묘한 방법으로 에바를 고통스럽게 하고, 청소년이 된 케빈은 에바에게 엄청난 고통을 주는 사건을 저지르는데….

인생은 아름다워(Life is Beautiful, 1997)

감독: 로베르토 베니니

파시즘이 맹위를 떨치던 1930년대 이탈리아. 유대인 귀도와 초등학교 교사 도라는 운명적인 만남을 통해 결혼하여 아들 조슈아를 얻고 행복한 시간을 보내던 중 유대인 말살 정책에 따라 수용소에 갇히게 되고, 도라는 유대인이 아님에도 함께 수용소 생활을 한다. 수용소에서 필요 없이 음식만 축내는 아이들을 죽이려 한다는 사실을 알고 조슈아를 구하기 위해 귀도는….

눈먼자들의 도시(Blindness, 2008)

감독 : 페르난도 메이렐레스

차도 한 가운데를 가로막는 한 사람이 있다. 이 사람은 갑자기 눈이 먼 사람이다. 무슨 일이 있었던 것일까? 그런데 이 사람을 집으로 데려다준 사람과 간호하고 치료한 의사까지 눈이 멀기 시작하고, 정부는 이들을 격리하여 치료한다. 남편을 지키려는 아내는 자신도 눈이 먼 것처럼 행동하며 함께 격리 생활을 하면서, 충격적인 현장을 목격하게 되는데….

나 없는 내 인생(My Life without Me, 2003)

감독 : 이자벨 코이젯트

앤은 17세에 남편과 만나 첫사랑을 나누고 첫 아이를 낳았다. 이후 스물세 살이 되어 네 살과 여섯 살인 두 딸과 1년 반 이상 실직상태인 남편을 부양하며 억척스럽게 가족을 위해서 일하던 앤은 자신이 자궁암 말기라는 것을 알게 된다. 지금까지 홀로 가족을 위해서 최선을 다했던 앤은 자신의 상황을 가족에게 알리지 않고 그동안 못했던 일들을 시작하는데….

대단한 유혹(La Grande Seduction, 2004)

감독 : 장-프랑수아 풀리오

'생 마리아'란 섬은 캐나다 퀘백 주에 위치한 외딴 섬으로 15년간 의사를 기다려왔다. 그러던 어느 날 의사가 직접 찾아오고, 이 기회를 놓칠 수 없는 섬사람들은 모든 힘을 합쳐서 의사의 환심을 사려고 노력한다. 한 사람을 감동시키기 위한 거짓말이 시작되고, 행복한 기대감을 주기 위한 다양한 노력을 통해 의사는 점점 섬을 사랑하게 되지만, 곧 이 거짓말은 밝혀지는데….

추천도서

1. 미술치료 관련

『노인미술치료』, Rebecca C. Perry Magniant, 이근매, 조용태, 최외선 역, 시그마
　　프레스, 2009

『다문화가족 미술치료』, 이근매, 양서원, 2007

『미술치료 요리책』, 주리애, 아트북스, 2003

『미술치료학』, 주리애, 학지사, 2010

『미술치료는 마술치료』, 주리애, 학지사, 2000

『미술치료의 치유요인과 매체』, 전순영, 하나의학사, 2011

『미술치료기법』, 최외선, 학지사, 2006

『마음을 나누는 미술치료』, 최외선, 학지사, 2006

『미술치료 윤리와 실제』, Bruce L. Moon, 이윤희, 오종은, 임나영, 학지사, 2011

『미술치료 열두 달 프로그램』, 최외선, 김갑숙, 서소희, 홍인애, 학지사, 2010

『미술치료와 임상뇌과학』, Richard Carr, Noah Hass-Cohen, 원희랑, 김영숙, 박
　　윤희, 안성식 역, 시그마프레스, 2011

『실제 적용 중심의 미술치료』, 정현희, 학지사, 2006

『이구동성 미술치료 −미술치료 이론의 종합편』, Judith A. Rubin, 주리애 역, 학
　　지사, 2012

『예술로서의 미술치료』, Judith A. Rubin, 김진숙 역, 학지사, 2008

『영화로 배우는 미술치료』, 박승숙, 들녘, 2000

『콜라주 미술치료』, 이근매, 아오키 도모코, 학지사, 2010

2. 상담심리 관련

『긍정심리학』, Martin E. P. Seligman, 김인자 역, 도서출판 물푸레, 2007

『긍정심리학』, Steve R. Baumgardner 외, 안신호 외 7인 역, 서울: (주)시그마프레스, 2009

『분석심리학』, 이부영, 서울: (주)일조각, 1998

『상담심리학의 기초』, 이장호, 학지사, 2005

『상담의 기술 탐색-통찰-실행의 과정』, Clara E. Hill, 주은선 역, 학지사, 2012

『삶의 의미를 찾아서』, Victor E. Frankl, 이희재 역, 서울: 아이서브, 2003

『아직도 가야 할 길』, Morgan Scott Peck, 신승철, 이중만 역, 열음사, 2009

『영국 BBC 다큐멘터리 행복』, Liz Hoggard, 이경아 역, 예담, 2008

『유아의 심리적 탄생』, Margaret S. Mahler, 이재훈 역, 서울, 한국심리치료연구소, 1997

『융 심리학 입문』, Calvin S. Hall 외, 최현 역, 경기: 범우사, 1985

『집중적 단기정신역동치료』, Patricia Coughlin Della Selva, 김준형, 김영란, 백지연, 주혜명, 원희랑 역, 학지사, 2009

『죽음의 수용소에서』, Victor E. Frankl, 이시형 역, 서울, 청아출판사, 2005

『창조적인 사랑』, John Bradshaw, 김홍찬 외 역, 서울: 한국기독교상담연구원, 2006

『천개의 공감』, 김형경, 서울: 한겨레출판, 2006

『프로이트 심리학』, Calvin S. Hall, 백상창 역, 서울: 문예출판사, 2000

『하버드대 행복학 강의 해피어』, Tal Ben-Shahar, 노혜숙 역, 서울: 위즈덤하우
스, 2008

『따귀 맞은 영혼』, Barbel Wardetzki, 장현숙 역, 서울: 궁리출판, 2002

3. 검사 관련

『그림을 통한 아동의 진단과 이해』, 신민섭, 학지사, 2007

『그림 속 우울과 공격성-재미난 DAS 이야기』, Rawley Silver, 주리애 역, 학지사,
2009

『모자화』, 마장사진, 이근매, 최외선 역, 시그마프레스, 2012

『발테그 그림검사』, Ursula Ave-Lallemant, 정영숙, 김현숙, 유신옥 역, 이문출판
사, 2011

『별-파도 그림검사』, 가쓰키 나나코, 조정자, 강세나 역, 학지사, 2012

『세 가지 그림심리검사』, Rawley Silver, 이근매, 조용태, 최외선 역, 시그마프레
스, 2007

『실버 그림검사와 그림 이야기 검사』, Rawley Silver, 이근매, 조용태, 유경미 역,
시그마프레스, 2013

『풍경구성기법』, 가이토 아키라, 최외선, 기정희, 김갑숙 역, 학지사, 2012

『HTP와 KHTP 심리진단법』, 김동연, 동아문화사, 2002

찾아보기